かつてない結果を導く
超「接待」術

一流の関係を築く
真心と〝もてなし〟の秘密とは

西出ひろ子
Hiroko Nishide

青春出版社

はじめに

なぜ、いま「接待マナー」なのか？
――ビジネスマンとして人間としての〝一流〟とは

「接待」という言葉。最近、あなたは耳にしますか？

実は、昨年より弊マナーグループには、「接待マナー」の研修依頼が急増しています。それも、特に多いのが大手企業からです。

バブル崩壊、平成不況、震災などが続いた日本では、「接待」の自粛やコンプライアンス上から、それは消えたのではないかと思われるほど、この言葉を見聞きすることは少なくなったように思っていました。ところが、現実はそうではなかったのです。

「接待」、この言葉は、学生時代には無縁でした。ところが、社会人になり、「接待」――すなわちそれは「仕事」である、ということを体感しました。１９８６年、バブル全盛期の頃に社会人デビューした私は、仕事といえば、毎晩のように接待があり、夜はタクシーやハイヤーで帰宅の日々。それも、その場だと空車がないため、事前に予約することが必須の時代でした。

接待三昧の日々は、当時の私の職業柄ということもありましたが、お客様や取引先などの接待先や上司のために、お店の予約から当日のアテンド、帰りの車の手配まで、誰に教わるわけでもなく、指示されたことに対して、どうすれば皆様に心地よい時間を過ごしていただけるか、という細心の配慮を隅々までにおこなっていたように思い出します。

そうです。接待は、もはや昔話になっていると思っていました。ところが、「接待」は健在だったのです。それは「会食」という言葉に変身して……。

現在は、接待という言葉を「会食」という言葉に置き換えて接待をしているわけです。確かに、「会食」というほうが、スマートな印象も受けます。

とはいえ、バブル崩壊後、接待が減少したことは事実であり、接待、会食の場を経験する人が少なくなった現実もあります。

これは、接待マナー研修に限ったことではありませんが、多くの大企業から中小企業や医療法人などに至るまで、マナーコンサルティングに入らせていただいている中で共通していえることは、今、マナー力に関しては、企業における**マナーの空洞化**が起きているということです。

これには、次の理由が考えられます。

バブル期入社の50代の方々は、上司や先輩の背中を見ながら、様々なシーンにおけるビジネスマナーを体得し、それに対して、都度、上司や先輩から注意を受けたりしながら仕事や接待の仕方などのひと通りのマナーを身につけていきました。いわば、現場主義の生きたビジネスマナーの習得です。またあの頃は、外部からマナー講師を招き、専門家によるマナー研修も多々おこなわれていました。

ところが、その後のバブル崩壊、さらにはリーマンショック等で、企業は経費削減に伴い、人員の削減もおこなっていきました。そのため、上司や先輩たちが、部下・後輩のマナーや接待などの準備の仕方にまで目を配る余裕が時間的にも、気持ち的にもなくなり、さらにはパワハラなどの問題から、注意をしたくてもそれができない時代へと変わりました。もっというならば、経費削減で、外部からマナー講師を招くこともしなくなり、上司から突然に「今度のマナー研修を担当してくれ」と指示されたという人も少なくありません。

そしてさらには、メールや携帯、スマホをはじめとしたインターネットの発展から、対面でのコミュニケーションが減少し、画面上では体裁よくマナーある言葉を書くことはできても、実際に人と対面するとなると、その身だしなみから言葉づかい、場に即した立居振る舞いができていない、いや、それに気すら使わない社員も多いとのこと。

このような現実から、今、40代以下の管理職の方々からは、「若手にマナーを教えたいけれど、果たして自分のマナーがどうなのかがわからない」「自分にマナーが身についていないから、部下や後輩には思うことがあっても何も言えない、言わない」「もう一度、一からマナーを学び直し、部下や後輩にきちんと指導できる自分になりたい」などの声が多数寄せられ、会社としてどう対処すれば良いかわからない、ということから、コンサルティングや研修の依頼が急増しているというわけです。

生き残りのために、仕事の舞台を世界に広げている企業も少なくありません。また、海外の会社を買収したり、買収に応じたり、業務提携をしたりなど、海外との取引も増加している昨今。

また、訪日外国人客は年々増える一方にあり、東京オリンピックも控えている今、海外の方との会食、接待の機会も激増することでしょう。

日本は世界一マナー、すなわち、礼儀のある国と世界中から賞賛され、評価を得ている国です。だからこそ、今なのです。

今、この時期だからこそ、もてなしの接待を身につけておかなければ、地雷を踏むことになる、という危機感からの接待マナー研修の激増なのです。

「おもてなしの国」日本の企業として、接待時のマナーが身についている社員がいることは必須です。そして、会社としても、一個人としても形式上の儀礼的なマナーではなく、おもてなしの真心からなる接待マナーを習得することが急務なのです。

「おもてなし」とは、この激動の時代を生きていくための大人としてのたしなみともいえます。マナーを教える私が言うのもなんですが、「形」ではなく「心」です。

接待という短い時間すら相手を大事にできない人が、日々の仕事を大事にできるでしょうか。ビジネスマンとして人間としての総合力を問われるもの、それが「接待」なのです。

本書を、そんな総合力を備えた一流の仕事人を目指すあなたに捧げます。

かつてない結果を導く　超「接待」術　目次

第1章 「事前準備」を制する者は、接待を制す 39

第４章 一生ものの品格が身につく接待での「食事の作法」

和食編

洋食編

お酒のマナー 252

第5章 短い時間を最大に有効活用する「会話術」

付録 接待時に使える「モノの言い方」の一流55

第6章 究極の真心を伝える「手土産・お見送り＆二次会」

MANNERS MAKYTH MAN

（オックスフォード大学 ニューコレッジのモットーとして紹介されている言葉）

マナーは人を創造する

マナーで人財を育成する

接待をするのもされるのも

人である

真心を言葉と行動で表現する

序章

今さらながらの大人の「接待」術

そもそも「接待」とは何か？

本書は、あなたが接待を通じて成功するための本です。しかし、現代の若手社員は、「接待」という言葉にも、それ自体にもあまり馴染みがないという現状もあります。そこで、まずは、接待とは何なのかをご説明いたしましょう。

「接待」の意味として、辞書には次のように記されています。

1 客をもてなすこと。もてなし。「得意先を―する」「―係」
2 人の集まるところなどで、一般の人に湯茶などを振る舞うこと。
3 寺の門前や往来に清水または湯茶を出しておき、通りがかりの修行僧に振る舞うこと。接待茶。（出典 デジタル大辞泉）

私たちが仕事中に見聞きする接待は、1のお客様（取引先）をもてなすことに該当します。「接待」というと何か特別な感じがしますが、仕事のプロフェッショナルであれば、どんな時でも社内外のひと達とのコミュニケーションのすべてに、相手に対する「もてなし力」、すなわちマナーを備えています。

現在、弊マナーグループには、接待に関する研修やコンサルティングだけでも、月に10件を超える依頼があります。

今までのデータをみてみると、依頼理由の第1位は、接待時の気配りや気づかい方がわからない。第2位は、お土産をどうすればいいのか、何をお土産にすればいいのか悩む。第3位は、事前準備の仕方と当日の会話の内容を教えて欲しい、という内容です。

確かに、会食に誘われて出向いたところ、相手が遅刻をしてきたり、お店の住所や電話番号を間違ってアナウンスされていて、当日、道に迷ったり、お店に電話がつながらず困った経験が私自身にもあります。事前準備にもたくさんありますが、先方に正しい情報を伝えなければ、その時点ですでにその接待は失敗であり、それをその後で挽回するには、相当の努力が必要となります。

失敗というのは、要するに、信頼・信用できない人、会社だと思われてしまうことです。

信用や信頼は、簡単に築けるものではありません。一つひとつのやり取りや、コミュニケーション、おつきあいを経て、構築されていくもの。不信に思う相手と貴重な時間を割いて、会いたいと思いますか？　ビジネスをしたいと思いますか？　元々、これらを深めていくための接待であるはずなのに、逆効果になってしまっては、話になりませんね。

接待本番の会食前に、相手に不信感を抱かせないようにして、会食本番では、マイナスからのスタートではなく、プラスからスタートできるようにすることは、とても大事なことです。

接待する側の悩み、接待される側の困惑

また、部下がお客様や上司である自分よりも先に料理を食べ始めたとか、お客様が話している最中に、話を聞こうともせず、黙々と料理を食べ続けたり、グラスが空いても、「お注ぎいたしましょうか」のひと言もないなど、こんなこと当然でしょ、と

思うことをできないため頭をかかえ、困っている上司も少なくないようです。

近年は、どこまで部下に注意をすればいいのか悩んでいる上司も多いです。本書を社員の皆さんに読んでいただき、社内指導代わりとして役立てていただければ幸いです。

一方、接待を受けた側のクライアントからよく聞く話の中に、誘った側が酔ってしまい、接待を受けた側がお店の人とのやり取りをしたり、介抱をしたなどの驚きの実話もあります。また、セクハラと受け取れる言動をされたという人もいます。さらには、相手の愚痴を聞くだけで終わったとか……。

お土産の話では、いくら名の通ったお店の羊羹《ようかん》だとしても、一人暮らしなのに、大きな羊羹を5本ももらっても、重たいだけで、かえって迷惑だった、という女性社長もいました。

研修などで、このような実話を話すと、「それはひどいなぁ～」と皆さん口々におっしゃるのですが、中には、「あちゃー！　それ、この前、俺もやった！」と自ら気づいてくださる方もいらっしゃいます。

いくつになっても、我が身を省みて、素直に反省すべき点は反省をし、謙虚さを忘れずに、素直に学び、自分の身につけ、それを肥やしにできる人は、格好よく、信望厚く、人がついてくることでしょう。そういう人は、仕事面で、必ず結果や成果を出します。そういう人のことを、『**人財**』といいます。

接待の使命、最終目的はここにある

さて、ここであなたに質問します。

「接待を行なう最終的な目的は何でしょうか」

答えはズバリ、「社会貢献」です。

そうです。社会貢献をするために、会社は利益を出していかねばなりません。従業員への給与やボーナスを支払うためにも……です。そして、お給料をもらうあなたも、そこから税金を納めます。それも社会貢献の一種です。したがって、会社も個人も、収益を得て、税金を納め、社会に貢献するためには、まずは単純に売上を生み出す仕事を行なわなければなりません。

では、売上を出すために必要なことは何でしょうか。

購入していただける商品や製品、サービスの存在は必須です。これらがなければ対価をいただくことはできません。続いて、それを人様に知っていただき、成約いただけるか否かです。これら商品などの質の高さや成約いただくために必要なこと、それは、それらを生み出す「人」の存在です。そして、それらを実現するための根底にあるもの。

それは、**マナー**です。

マナーの本質は、相手の立場に立つことです。お客様や取引先という相手の立場や状況などを察し、その立ち位置に自分を置き換えてみることができるかどうか。その上で、相手が求めているものや、欲していることを提供すること。そうしなければ、よほどのことがない限り、成約、すなわち、売上を出すことは難しいでしょう。

そしてさらに、5年で寿命を終える会社ではなく、10年、30年、50年、100年と永続的に存続し続けるために必要なこと。

それが、**ビジネスマナー**です。

ビジネスマナーは、お辞儀の仕方や、名刺交換の仕方、電話応対の仕方など、単純に表面的な型をとりあえず身につけていればいいというものではありません。収益、すなわち、数字を生み出すために絶対的に必要です。

ビジネスマナーは、お客様や取引先、社会の皆様に対し、失礼のないように、不快な思いをさせないように、さらには、喜んでいただける対応ができるよう、相手の立場に立てる人になるための教育であり、収益を生み出せる人財の育成のために必要なことであります。

型を習得する以前に、相手の立場に立っていること、相手を思いやる気持ちや心を育むこと、ここが収益を生み出せる人財になるかどうかの大切なポイントです。その結果、お客様や取引先に受け入れていただける人財となり、そこから自然と成約へつながり、仕事上、結果を出せる人となります。

これは、接待の場面も同様です。接待中に、いかに相手の気持ちをプラスにし、相手に心の扉をひらかせることができるかどうか。心の扉をひらいていただければ、あとは、多少の困難があったとしても、結果オーライになります。

当たり前なのになかなかできない ビジネスマナーの基本5原則

ビジネスマナーの基本5原則として、私は次の5つを掲げています。

1　表情

2 態度・姿勢
3 挨拶
4 身だしなみ
5 言葉づかい・言い回し・話し方（伝え方）

どれも大切なことでありますが、中でも日常的におこなっている挨拶。あなたはこの「挨拶」の意味をご存知でしょうか。

企業研修やプライベートコンサルティングで、よく耳にするのは「挨拶はあまりにも当たり前のことだから、あらためてその意味を考えたことはない」という声です。それは、言い換えれば「知らない」ということであります。

挨拶の「挨」には、心を「ひらく」という意味があります。「拶」は、「せまる」「近づく」。したがって、挨拶とは、相手に対してまず自分から心をひらいてお近づきをし、互いの関係をスムーズに、プラスにするためのコミュニケーションをとることといえます。

また、挨拶はもともと禅宗の言葉で『挨』も『拶』も共に同じ意味だともいわれ、「押し合う」という意味として使われているそうです。禅宗のお寺ではお坊さん同士が行う「禅問答」のことを『一挨一拶』といい、押していけば押し返す、すなわち、互いにコミュニケーションをとることを指します。まさに、挨拶は、互いのコミュニケーションのことなのです。

このように挨拶も自ら先に心をひらく先手必勝が大切です。また、挨拶時にはその表情や態度も重要な要素となります。そこで私は、「先手必笑」と表現しています。「勝《しょう》」を「笑《しょう》」と当て字にして、微笑みながら、心の扉をひらき挨拶をすることを薦めているわけです。

ビジネスのシーンで永続的に収益を上げていくには、相手から信用・信頼されることは必須です。そのために必要な基本要素が、先のビジネスマナーの基本5原則です。

ビジネスマナーというと、新入社員が学ぶものと思われがちですが、このマナーの本質とビジネスマナーの基本5原則の意味を知り、実際に実践しているベテラン、エグゼクティブは意外にも多くはありません。

近年、弊マナーグループには、管理職や経営者などの、ベテラン、エグゼクティブ向けの研修やコンサルティングの依頼が急増していると「はじめに」で書きましたが、上司、上長がこれらマナーの意味を知り、身につけていなければ、部下がそれをおこなうことはなく、つまるところ、その会社自体にマナーがないと評価をされてしまいます。その結果、収益が永続的に右肩上がりではなくなってしまうという危機感をもって学ばれています。

「地位が上がるほど役得ではなく、役損が増えることを覚えておけ」

これは、犬丸一郎氏が帝国ホテルの社長に就任した際に、白洲次郎が贈った言葉だといわれています。この言葉は、人の上に立つ者は私利私欲があってはならず、地位のある者には、私欲を捨てて守らねばならないことがたくさんあることを彼自身の実体験から、学び発した言葉であります。そしてこれはまた、白洲次郎の留学先、英国でいう「ノブリスオブリッジの精神」からなるものと考えられます。

ノブリスオブリッジ――高貴なる義務、すなわち、地位のある者は果たすべき責任があるという考え方のことです。

マナーの本質や正しいビジネスマナーを伝えるのは、今や、会社の義務といっても過言ではない時代になりました。接待のマナーを通じて今一度、ビジネスマナーの本質から基本、そして大切さを感じ取っていただき、それを会社の収益につなげ、後進育成や、自身の出世のためにお役立ていただければ本望です。

本書では、接待・会食への誘い方から、お店選び・予約の仕方、お店とのコミュニケーションのとり方や、服装、お店での立居振る舞い方、食べ方のマナーやスマートなお会計の仕方。さらには、手土産の選び方とその渡し方、お見送りの仕方、アフターフォローに至るまで、あなたと会社の評価を上げ、成功する接待術をお伝えします。何をおこない、成功を実現させていくのか。具体的にみていこうと思います。

本章の最後に、もうひとつ、お伝えいたしましょう。

私がマナー指導に入ったNHK大河ドラマ『龍馬伝』で、龍馬をもっしもカッコいいと思ったシーンがあります。それは、龍馬が大儲け話をグラバーに持っていった時のこと。グラバーは龍馬に対し、いくら分け前が欲しいのかと尋ねます。すると龍馬は、一銭もいらないと言います。グラバーは、「ＷＨＹ？」（なぜだ？）と言って驚きます。すると龍馬はこう言いました。

私心があっては　志は達成できぬ

私心とは、私利私欲のことです。先述の白洲次郎の言葉と同じですね。

マナーとは、相手の立場に立つことであり、そこには、自分中心の私利私欲は不要です。先の言葉を言い換えるならば、こうです。

マナーがあれば、志（仕）事は達成できる

あなたのマナー力で、ぜひ、接待という仕事を成功させましょう。

コラム

タブーな接待

接待のマナーが急務であるとお伝えしましたが、むやみやたらと接待をすれば良いというわけではありません。接待におけるタブーの現実もあります。

接待と聞くと、すなわち、「ごちそうする・される」「おごる・おごってもらう」という利害関係、金銭が絡むことを連想します。企業の経営やスムーズな業務遂行のためですが、具体的には、いつ、どのようなことをおこなっているのでしょうか。

接待の実態として、まず、それをおこなう時間の問題があります。多くは、業務時間外に、飲食やゴルフなどをおこない、相手をもてなします。

これが、自社や相手方のコンプライアンスの行動基準に違反していないかどうかを、必ず確認しましょう。なぜならば、見方や場合、その内容によっては、接待する従業員の遊興行為として問題視されたり、接待される側の従業員が、自分の会社に対する背任行為、最悪の場合、取引先への賄賂となる場合もなきにしもあらずだからです。

こうした事情から、国家公務員は法律（国家公務員倫理法）にて、接待を受けることは違法とされています。したがって民間企業は、国家公務員に対して接待をおこなってはいけません。なお、地方公務員は、現時点では接待を受けることは法律で禁止されてはいませんが、服務規程では禁止されています。

なお、民間人（みなし公務員を除く）同士の接待は、法律で禁止されてはいません。接待をできるか、また受けるか否かは、その企業の就業規則や服務規程によります。また、弁護士の塩野正視先生によると、特に欧米などでは、接待をする側も受ける側もそれぞれ制限をしている企業が多くなっているそうです。善かれと思っておこなったことが、かえって迷惑となり得ることもあり、程度を過ぎると刑法などの背任行為と疑われることもあるので、注意が必要とのことです。

接待は今や、会食という言い回しで存在していることは、前述のとおりです。これにかかる費用は接待交際費などの勘定科目となり、クライアントとの打ち合せとして、従業員がその飲食代や遊興代などを企業の負担でおこないます。相手をもてなし、双方が微笑み合える関係を築くための接待・会食において、法律違反を引き起こしては本末転倒です。「知らなかった」では済まされないのが法律違反です。

第1章

「事前準備」を制する者は、接待を制す

プロという意識を持ちなさい

仕事をして、その対価として金銭をいただく以上は、あなたもあなたの会社も、その道のプロフェッショナルです。この意識と考え方、思考を持つことは、接待以外の仕事のすべてにおいて有効に働きます。現に私（弊マナーグループ）がコンサルティングに入っているクライアント先では、この意識改革をおこなった後の平均で、3ヶ月以内には収益を平均12％増、半年後には42％増、1年後には78％増を達成しています（数字はすべて、コンサルティング開始の前月比）。

それではなぜ、私たちは日常の仕事においても、お客様や取引先をもてなす必要があるのでしょうか。

一般的に接待の目的は、商談であったり、懇親であったり、日頃のお礼や何かのお詫びということもありますが、すべて最終的に共通していることは、互いにプラスになるため、すなわち、WIN－WINを生み出すためだということ。ひいては「社会貢献」のためだと前章でもお伝えしました。

接待は、取引先などをもてなすことであり、仕事の一部です。お客様や取引先と飲食を共にする時間は、応接室で何回も議論を交わすより、人間関係を深め、仕事を円滑に進めることに効果的な場合もあります。

実際に接待をしている私のクライアントである大手企業や、中小企業のビジネスパーソンに伺うと、その96％は「接待は必要であり大切だ」とおっしゃいます。

そして、その接待がきっかけで、それがすぐに数字となって表れる確率は、会社の規模が小さくなればなるほど、数字への影響力は大きく、早い時期に結果が出やすいという現実があります。

大手企業の接待では、その会食時に、直接仕事に関わるお金の話をすることは、タブーと心得ています。

お酒が入っている席で、金額の話などはしない、ということです。すぐに数字につながる結果にはならないわけですが、やはり、互いに打ち解け、普段の打ち合せなどではしないような趣味の話などに及ぶ可能性もあるため、その後の仕事がスムーズにやりやすくなるといいます。

仕事は、人間関係で成り立つ比重が大きいです。そういう意味においても、接待はとても重要な仕事の一環であることが、あらためて確認できます。

2つのこうどう力「考動」と「行動」

接待にはいくつかの目的（商談、懇親、お礼、お詫び等）がありますが、もっとも大切なことは、**準備段階から当日、その後に至るまで、いかに相手様に気持ちよく過ごしてもらえるかを一番に考えること**。これは自ら『考』える「考動（こうどう）力」のことです。「考動」の後に、実際に具体的に何を『行』なうのか、それを「行動（こうどう）力」として発揮していきます。

これら2つの『こうどう』をおこなうことで、私たちは望む結果を出すきっかけを作ることになります。

ひと口に接待といっても、ランチタイムでのおもてなしなのか、コーヒーをもてなすのか、または、夜の食事を共にするのかなど、様々なケースが考えられます。どれをとっても、まずは、相手様に心地よさを感じていただけるよう、その時間を精一杯、有効に使います。

そして、これから一緒にビジネスをおこなっていこうと思ってもらえたり、最終的には、お互いにとって、また、社会全体にとってプラスを生み出せるようにするためのスタートとなる場が接待です。

あからさまに商談を成功させようとする接待ではなく、日頃の感謝の気持ちを伝えるお礼の接待や、親しい間柄なら、先方のお誕生日や、会社の創立〇周年を祝う会食などの目的であれば誘いやすくなりますね。

本書では、主に、夜の会食の接待を想定して具体例をお伝えします。

まず、ベーシックな「接待」の流れを簡単にまとめてみます。

スマートな接待のポイント

- 接待するときは相手の都合、嗜好を考えながら
- 当日の会場、日時、席次の確認はしっかりと
- 接待を受ける側もマナーを守り、感謝の気持ちを表す

商談のための接待には、日頃からお世話になっている取引先との親睦など、様々な目的があります。仕事の成功ばかりを目的にしていては、マナーある接待とはいえません。相手の気持ちを考えて、美味しい料理とはずむ会話、ゆっくりとくつろぎ、楽しめる場をセッティングするよう心がけましょう。

接待を成功させるための段取りとコツ

1 上司に相談
参加者や内容、予算などはまず上司に相談してから決める。

2 日時は先方の都合で
日時と場所の候補を複数挙げ、先方の都合でその中から決めてもらう。

3 会場の予約
店選びは、先方との関係や相手の年齢、好みなどを考えながら決める。予約は早めにするとよい。

4 先方へ連絡
日時、会場等を参加者全員にお知らせする。会場までの地図は、必ずメールに添付するか送付する。

会場選びのポイント

予算 接待費用は余裕をもって決める。念のため、カードが使えるお店かどうか事前に確認しておく。

食事 相手の嗜好に合わせて選ぶのがポイント。コースにしておけば、なにかと便利。

交通の便 場所は相手の会社と帰宅ルートを考えて。場合によっては送迎の手配をする。

当日の振る舞い

1 会場・席次・料理の確認
お客様が着いてからバタバタしないように、早めに会場に入って確認作業をおこなう。

2 出迎えは全員でする
接待する側は、全員で出迎えるのがマナー。

3 心から楽しんでもらう
主役はあくまで相手。自社のアピールばかりせず、相手の話を聞き、座を盛り上げるなどのサービス精神を。

4 見送る
お開きになったら、全員でお見送り。感謝の言葉とお辞儀を忘れないようにする。

さて、では、いよいよ流れに沿って具体的に説明しましょう。

準備の段取りから、接待は始まっている

① 上司に相談する

1 指示を仰ぐ

お客様や取引先から会食、接待の意向を感じたり、それをする必要があると思ったら、まず上司に相談をして指示を仰ぎます。また、会食に誘われた場合は、上司にその旨を報告し、どのようにすればいいのか、指示を仰ぎます。

2 自社側の人数

許可が出たら、1人でよいのか、もしくは2名以上なのかなど、自社側の人数を決めます。一般的に会食、接待の場には、1人ではなく、2名以上で参加することをお薦めします。会話の内容につき、「言った言わない」「聞いた聞いてない」などのトラブルを避ける意味もあります。もっともよくある接待の人数は、2対2です。

3 予算決め

次に、予算などを相談します。会社によっては、相手の役職によって、予算や案内するお店が決まっている場合もあります。自身の会社にどのような決まりがあるのかを確認しておきましょう。特に決まりがなければ、都度、相手に応じて、予算を決め、お店選びをします。

② 先方の都合を伺う

1 日程を伺う

先方に「一度お食事でもいかがですか」と、接待（会食）したい意向を伝え、最少でも3日程度の都合のいい日を候補日として、挙げてもらいます。

電話でのお誘いの仕方

（誘う側）「わたくし、○○会社の▽▽と申します。いつも大変お世話になっております。恐れ入りますが、部長の□□様をお願いできますでしょうか」

（先方がでる）

（誘う側）「□□様、いつも大変お世話になっております。○○会社の▽▽でございます」

（先方あいさつ）

（誘う側）「先日の新作発表会では、ご多忙のなか、会場にお越しくださり、誠にありがとうございました。つきましては、そのお礼も兼ねて、弊社 社長の●●が、□□様にお食事でもいかがでしょうか、と申しております。□□様のご都合はいかがでしょうか」

（先方）「ありがとうございます。ぜひ、よろしくお願いします」

（誘う側）「それでは、ご多忙のところ、恐縮でございますが、ご都合のよろしいお日にちを、3日ほど挙げていただいてもよろしいでしょうか。今、おわかりでしたらこのお電話で伺っても結構でございますし、後日メールでも構いません。

また、可能であれば、ご同行なさる方がいらっしゃれば、その方のお名前も併せてお知らせいただければ有り難く存じます。また、お飲物やお食事にて、お好みのもの、また、控えるべきものがございましたら、お手数をおかけし恐縮でございますが、一報いただけますと大変有り難く存じます」

（先方）「では、後日、メールします」

（誘う側）「かしこまりました。それでは、ご多忙のなか、誠に恐縮でございますが、メールをお待ち申し上げております。どうぞよろしくお願い申し上げます」

メールでのお誘いの仕方

■■会社 営業部
部長 □□□□ 様

□□様、平素より大変お世話になっております。

○○会社の▽▽と申します。

先日のお打ち合わせでは、様々なご提案を頂戴し、
誠にありがとうございました。

本来、相手と同等の役職の人から連絡をするのがマナー。部下からの連絡の場合は、必ず、その上司からの依頼であることをひと言添える。

つきましては、弊社 社長の●●が、日頃の感謝を込めて、
部長の□□様とお食事をご一緒させていただければ幸いと申しております。

ご多忙かとは存じますが、ご検討のほど、よろしくお願い申し上げます。

可能な場合は、お手数をおかけし恐縮でございますが、
ご都合の宜しい日程を、3日程度、ご提示下さいますと有り難く存じます。

Eメールでのお誘いにて、大変恐縮でございますが、
どうぞよろしくお願い申し上げます。

▽▽▽▽

=============
○○会社 総務部
▽▽▽▽

〒000-0000
東京都千代田区丸の内0-0-0
TEL:03-0000-0000 FAX.03-0000-0000
http://www.○○○○.co.jp
=============

お誘いする相手が社長などで、より丁寧にしたい

■■会社
代表取締役 □□□□ 様
(CC:秘書 ◇◇◇◇様)

秘書にCC。もしくは、秘書宛にEメールをしても良い。

□□様、平素より大変お世話になっており、
誠にありがとうございます。

○○会社の▽▽と申します。

本年も実りの秋となりました。
(本年も、残すところ、3ヶ月となりました。など)

日頃の感謝をこめて、
□□様と旬の食材を楽しむお時間を頂戴できれば
大変有り難く存じます。

ご多忙でいらっしゃることは、重々承知致しておりますが、
ご検討いただければ幸いに存じます。

可能な場合は、お手数をおかけし恐縮でございますが、
ご都合の宜しい日程を、3日程度、ご提示下さいますと有り難く存じます。

急ぎ、Eメールにて失礼いたします。

何卒よろしくお願い申し上げます。

▽▽▽▽

=============
○○会社 営業部
部長 ▽▽▽▽

〒000-0000
東京都千代田区丸の内0-0-0
TEL:03-0000-0000 FAX:03-0000-0000
http://www.○○○○.co.jp
=============

社長宛の場合は、同等の役職、もしくは、役職付きの担当者から連絡をするのが本来のマナー。もちろん、秘書や部下が上司の代理という形で送信しても良い。

2 好きな物、苦手な物を事前に伺う

苦手な物を伺うことは、失礼ではないかと思われがちですが、現代は、アレルギーや菜食主義者（ベジタリアン、ビーガン）などの方も多くなっています。サプライズをしよう、などと思い、かえって、当日に地雷を踏んでは本末転倒です。事前に伺って問題ありません。むしろ、事前に伺ったほうが良いです。

一方、接待される側も、正直に苦手な物を伝えておいたほうが親切です。昔は言わないのが美徳とされていたかもしれませんが、グローバルスタンダードといわれる現代では、好みや苦手な物をはっきりと伝えて差し上げるのもマナーです。

伺うときのポイント

お誘いする側

□ 返事の仕方などは、2つ以上の選択肢を提示する。

お誘いを受ける側

□ 今後のビジネスにつなげるための誘いや商談目的の場合は、2名以上で参加する。

先方に金銭の負担をかけさせないため、2名が無難。先方が3名の場合は、3名

で参加するなどでも良い。

□すでに取引があり、その打ち上げや、慰労会のような目的の場合は、関係者以外は参加しない。先方に金銭の負担をかけさせるため。

□担当者に対するお礼の意味合いの場合も、担当以外の人を同行させないこと。先方に金銭の負担をかけさせるため。

□場合によっては、1人で出向いても良い場合もある。その場合、上司が存在する人は、必ず上司の承認を得ていくようにする。

お誘いの仕方NG

- LINEやFacebookのメッセンジャーで誘う

※ただし、これからは、先方との関係性によっては、OKとなる場合もあります。

- 絵文字を使用する
- 一方的に日程を指定する
- 相手の意向や都合を伺わずに、強制的な言い方をする

3 上司や部下と日程を決める

先方の候補日がわかったら、上司や部下など、自社内から出席する人の都合を調整し、日程を決めます。

併せて、2次会を設定する必要があるか、その場合の予算や、手土産の準備の有無も相談します。

4 日程の連絡をする

日程を確定させたら、先方へ伝えます。この時、お店も決定していればその情報も一緒に伝えましょう。お店は、接待当日の遅くとも2週間前には決定し、先方へ連絡を入れるのが好ましいのですが、お店を吟味し、少し時間を要する場合は、先に日程を知らせることが大切です。

5 お店を選ぶ

マナーの本質である、相手の立場に立ち、相手に喜んでいただけることを考え、ご提供する姿勢から、次の項目を考慮し決めてまいりましょう。

1　相手の苦手な食事や環境は絶対に避ける

2　相手の嗜好に合う食事や環境を選ぶ

「和食」「洋食」などの食事の種類は、相手の嗜好に合わせて選ぶことが大切です。しかし、この好みに関しては、その情報を知らないとなかなかできることではありません。親しい間柄ならば、好みやマイブームなどを聞けますが、目上の方だったり、まだ、取引を始めて日が浅い関係などの場合は、なかなかこのようなことは伺いにくいものです。

このような場合に備えて、日頃からのコミュニケーションが重要です。

例えば、打ち合せの本題に入る前のスモールトークや、商談後、エレベーターに向かうまでの雑談が大いに役立ちます。直接収益に関わることではない、この数秒間、数分間の情報が、接待を通じて、例えばですが1億円の収益を得る契約につながる可能性は、大いにあります。

また、このような時のために、日頃から本人は元より、その方の秘書やその部下の方々とのコミュニケーションをしっかりととり、親しくしておくことも大切です。ご本人に直接聞いていない内容を、周囲の方に伺うことで、ご本人に対するサプライズ感も増すことでしょう。

面倒と思われるかもしれませんが、このような水面下での努力により、相手の好みに合った接待をすることが可能となります。楽をすることなく、ひと手間もふた手間もかけることで、それはその後、大きな実となってあなたに還ってきます。

3 個室のあるお店を選ぶ

ゆっくりと落ち着いて食事と会話ができる環境は重要です。そこで、個室のあるお店を選択し、個室を予約しましょう。個室料が別途かかる場合も、予算的に可能であれば、迷わず予約をします。もし予算上、厳しい場合は、上司に相談をし、指示を仰ぎます。予算オーバーでNGと言われた場合は、個室料のかからないお店を別途探します。

個室選びのポイント

- □個室料がかかるか否かの確認
- □隣室の騒音やその個室の位置（お化粧室が目の前にあるなどは避ける）、テーブルの配置に問題がないかなどの確認

□和室の場合は、掘りごたつ形式になっているか？　または、和室でも椅子に座る形式か、の確認（掘りごたつも椅子もない場合は、避けたほうが良い。足腰に負担をかけさせてしまう恐れがあります）。

4　アクセスの利便性も考慮

先方の会社や住まいなどを考慮し、行きやすく、帰りやすいアクセスのよいお店を選ぶことにも配慮すると、なお良いでしょう。

5　注目や話題のお店を選ぶ

今、人気のお店、注目、話題のお店を選ぶのも喜ばれる可能性が高いでしょう。その後の話題に使うこともできます。

2次会のお店を選ぶ

2次会は、当日の流れで先方の意向を優先させます。したがって、2次会のお店は、最初のお店から徒歩で行けるお店（カラオケのあるお店か、静かに飲めるバーの2つは最低でもおさえておきます）、もしくはタクシーで1メーターで行けるお店を選びます。お店には、「○月○日、△時頃、□名で伺うかもしれませんが、当日のキャンセル料はかかりますか？」と、キャンセル料がかかるか否かを確認します。キャンセル料がかからない場合は、念のために、予約をしておくと安心です。キャンセル料がかかる場合は、上司に相談をします。

予約をしない場合には、お店に対して、「では、もしかすると、この日に伺うかもしれませんので、その時は、わかり次第、お電話します。よろしくお願いします」とひと言、伝えておくと、善処してくれるお店もあるかもしれません。

日頃から融通を利かせてくれる顔なじみのお店が数軒あると重宝します。その場合、お店に対して感謝の気持ちを忘れないようにしてください。あくまでも、あなたは会社の看板を背負っている立場であることを忘れることのないように。

6 候補店には事前に足を運び確認

接待、会食では実際のお店で過ごす時間がもっとも重要です。

事前に、自分でお店に足を運び、料理の味は元より、接客態度やお化粧室の環境など、隅々まで自分の目と耳と舌で確認をする。これは、成功する接待では、とても大切です。特に、接客態度次第で、その場の雰囲気がプラスにもマイナスにも変化します。逆にいうと、接客態度次第で、その後のビジネスが上手くいくことになるのです。**接待では、そのお店と自社はイコールであるという意識を持ってください。**それだけに、お店選びは重要であり、失敗は許されません。**お店選びの失敗は、すなわち、あなたとあなたの会社のミスとなるのです。**

この時の代金は、会社が負担してくれるのであれば領収証を会社名でもらいます。それが難しい場合は、無理のない範囲で、自腹をきってでも確認をするのか否かは、あなた次第です。

事前確認をすることはお薦めしますが、それが不可能な場合は、電話にて、接待で利用したい旨を伝え、お店の人に詳細を伺います。また、当日の配慮をお願いしましょう。

電話をかける時間帯は、お店が営業していない休憩時間帯や比較的、お客様の少ない15時から16時にする配慮をしましょう。

また、接待相手には、「私共もはじめてのお店で……」と伝えることで、同じ立ち位置であることを共有し、好印象をもってもらえる可能性もあります。

事前調査での確認ポイント

（※直接足を運べない場合は、電話で確認をする）

1 飲物の種類と銘柄

2 料理の種類、素材<原産国や無農薬など>のこだわりと味

3 料理を出すタイミングや出てくるまでの時間など

4 接待相手の中に、喫煙者がいる場合は、喫煙可能か否か

5 お店のおもてなし度・接客態度

6 料理長が挨拶にきてくれるか否か

7 店内の照明の明るさやBGMのジャンルや音量の適切さ

8 客層

9 店内やお化粧室の清掃、整理整頓などの環境

10 隣席との距離感・隣個室から聞こえてくる声や音

11 支払方法（後日請求書発行が可能か・使用可能なクレジットカード会社など）

12 飲食代の他にかかるサービス料（これらも含めての予算確認）

13 タクシーを呼んでもらえるかどうか

14 二次会を予定している場合は、そこまでにかかる時間
（徒歩か、タクシーか）

15 会食中に雨が降ってきて、帰る際に傘がない場合は、
傘を貸してもらえるのかどうか

注意点
＊事前調査の飲食代を会社が負担する場合は、領収証を会社名義でもらう
＊足を運べない場合は、電話でお店に事情を説明し、
詳細の確認と当日のお願いをする

⑦ 予約する

どの店を利用するかを決定し、上司の承認を得たら予約をします。

●予約時に伝える必須事項

1 当日の人数

2 利用時間帯

3 個室利用か否か（個室でない場合は、良い景色の見える窓側や、隣接の席との距離がある席などを頼んで予約席の確保をお願いします）

4 連絡先（会社名と名前、電話番号）

5 料理メニュー（当日は、飲物のオーダーの後、タイミングよく順次料理を出していただけるよう、予約時に料理内容を決めておくのが一般的です。料理はアラカルトより、コース料理のほうが無難です。お客様の苦手な料理がコース料理に含まれている場合は、それを変更してもらうよう、お願いします。また、女性や、手術後などの体調の問題から、少量しか食べられないという人もいらっしゃいます。そのような内容も確認し、お店に伝えるようにします）

6 「大切な接待」であることを伝える（お客様に心地よく粗相のない接客を行っても

らえるよう、お願いをします）
7　支払い方法（請求書発行後、後日振込か、クレジットカード払いか、現金払いか）
8　タクシーを呼んでもらう可能性がある場合は、その旨も事前に伝える
9　万が一、雨が降ってきたら、傘を貸してもらえるのかどうかの再確認

8 先方に場所などの連絡

先方には、事前に日時と場所、お店の名前、住所、電話番号、アクセス方法と地図を、間違いなく連絡します。また、自社からの参加人数と役職と氏名も伝えます。

連絡方法は、現代はメールで行なうのが、双方にとってもっとも便利といえます。

9 前々日に確認メール

日々、忙しく仕事をしていると、接待当日の日程を勘違いしたり、うっかり接待の日を忘れてしまった！　ということもあるかもしれません。このような事態を避けるために、接待の前々日に確認のメールを送信しましょう。また、上司にも「明後日の○○会社との接待、よろしくお願いします」のひと言を伝えます。

[接待する側]日時等のご案内メール

○○会社
営業部 斎藤裕人 様

斎藤様、平素より大変お世話になっております。

ヒロコマナー会社の阿部と申します。

このたびは、大変ご多忙のなか、
貴社部長の佐藤様と斎藤様のお二人に、会食のご快諾を頂戴いたしまして、
弊社、吉村共々、心より有り難く思っております。
誠にありがとうございます。

つきましては、会食の日時、場所が決定いたしましたので、
本メールにてご連絡を申し上げます。

•日時　2017年 10月12日(木) 19:00-
•場所　日本料理 ○○
•住所　東京都中央区銀座6丁目○番○号　マナービル1階
•電話番号　03-○○○○-○○○○

■アクセス
◇お車の場合
○○通りを○○方面に向かい、○○交差点を右折。
ひとつ目の角のコンビニエンスストア『●●』を左折。その通りの
右側、3軒目のビル1階。

◇電車の場合
JR有楽町駅　●●出口をでて、右方向へ進む。3つ目の信号を左に
曲がり、ひとつ目の角のコンビニエンスストア『●●』
を左折。その通りの右側、3軒目のビル1階。

地下鉄 銀座駅　●●出口をでて、左方向へ進み。2つ目の信号を右に
曲がり、ひとつ目の角のコンビニエンスストア『●●』
を左折。その通りの右側、3軒目のビル1階。

■地図 添付のとおりでございます。

弊社からは、部長の吉村と、私、阿部がまいります。

部長の佐藤様にも、くれぐれもよろしくお伝え下さいますよう、
お願い申し上げます。

弊社、吉村共々、当日、お目にかかれますことを、心待ちにいたしております。

どうぞお気をつけて、お越しくださいませ。

阿部真人

=============
ヒロコマナー会社
営業部　阿部真人

〒000-0000
東京都港区南青山0-0-0
TEL:03-0000-0000 FAX:03-0000-0000
http://www.○○○○.co.jp
=============

会食ご快諾のお礼
自社の上司共々、と、上司のこともきちんと明記。先方と自分の上司、双方へ配慮となる。

ひと目でわかりやすいよう、情報は整理して、行頭に■などのマークをつけて、見やすく、かつ、目立つようにする。

駅をでて1分、や、地図だけを送らない。地図をみても詳しい場所は、わかりにくい。場所は、先方が迷わないように、懇切丁寧に伝える。

自社の参加者名、全員の名前を記す。

上司の方への挨拶伝言のひと言を書く。

[接待を受ける側]ご案内メールへのお礼

ヒロコマナー会社
営業部 阿部真人様

阿部様、平素より大変お世話になっております。

○○会社、佐藤太郎のアシスタントの斎藤と申します。

この度は、10月12日の会食につき、
ご多忙のなか、早々にご丁寧なメールを頂戴いたしまして、
誠にありがとうございます。

日時、お店の場所などにつきまして、かしこまりました。

お店に関しまして、弊社、佐藤への配慮あるお店をお選びくださり、
心より感謝申し上げます。

佐藤も大変喜ぶと存じます。

また、大変わかりやすい道案内の添付もありがとうございます。
助かります。

阿部様におかれましては、本会食のご準備など、
大変かと存じますが、当日お目にかかれますことを、
佐藤共々、楽しみに致しております。

引き続き、何卒よろしくお願い申し上げます。

斎藤裕人
========
○○会社
営業部　斎藤裕人
〒100-0000
東京都中央区○○1丁目1番00号
TEL:03-0000-0000　FAX:03-0000-0000
URL:http://www.○○.co.jp

ご案内メールに対するお礼

日時・場所の確認、承諾

お店選びのお礼と主賓も喜んでいるというひと言、さらに相手が行ってくれた細かい点にまでもお礼を

相手に対するねぎらいのひと言を

⑩ 手土産を購入する

接待をする立場側は、手土産も用意するのが主流になっています。忙しいなか、わざわざ時間を作ってくれたことへの感謝を込めてお渡しします。また、接待される側は、基本的には何も用意しなくて構いませんが、ごちそうになることを避けたい場合は、お返しの意味を込めた手土産を用意しても良いでしょう。

手土産を用意する場合は、持ち帰りに邪魔にならない大きさや内容のものを選びます。品物は、一般的に食べ物が無難とされています。和食の接待であれば和菓子系を。洋食の接待であれば洋菓子を。中華であれば、月餅や中華まんじゅうなどがスタンダードです。

しかし、海外からのお客様や取引先の場合は、日本文化を伝えるお土産も喜ばれます（具体例、詳細は、6章にて）。

第2章

成功する接待の「格好・装い」がある

接待以前の身だしなみの基本ルール

「人を見た目で判断してはいけない」とも「人は見た目が9割」とも言われます。果たして、どちらなのでしょうか？　マナー講師、マナーコンサルタントして活動をしている私自身、40代後半までは「見た目は大切だけど、それよりも、中身が大事だから、見た目で人を判断しないようにしよう」と思っていました。

確かに、それはそれで一理あるのですが、序章でご紹介した、住所や電話番号を間違って連絡してくるような人と実際に会うと、スーツにしわがよっていたり、袖口が汚れていたり、靴のかかとはすり減り、表面も磨かれていない……。残念ながら、「やっぱりね」と思わざるを得ず、ますますマイナス点が加算されてしまうことが多いのです。

どんなに自身では、仕事に対する思い入れがあったとしても、身だしなみは、仕事に対する気持ちの表れと受け取られます。

第一印象を決定づけるポイント

1 視覚	表情　態度・しぐさ・姿勢　身だしなみ　髪型　髪の毛の色 服装のしわ・汚れ・ほつれ・しみ・フケが落ちている　など 服装や靴、小物などの色・柄・型・メーカー　など
2 嗅覚	体臭・口臭 香水・ヘアスプレーやヘアクリームのニオイ 下着・靴下などのニオイ　タバコのニオイ　など
3 聴覚	声のトーンや大きさ　先手の挨拶

接待の場合は、普段は行かないような高級なお店に行くことが多くなります。

だからこそ、いつも以上に隅々までチェックをして、時を共にするひと達を不快にさせず、かつ、自身も恥をかかないようにしましょう。

身だしなみは第一印象としても重要です。第一印象は、初対面に限らず、その日に会う印象も同様に第一印象となりますので、基本マナーとして必須項目。第一印象を決定づけるのは、視覚からの印象です。

また、どんなに高級なスーツや腕時計やバッグ、アクセサリーなどを身につけていても、基本となる身だしなみが欠けていては、本末転倒です。

次ページの基本の「身だしなみチェックリスト」で、自身の身だしなみを確認しましょう。


「小学生じゃあるまいし」と思われた方もいらっしゃるかもしれませんが、これらは、ビジネスパーソンの現実によくあることなのです。マナーは、「自分はできている」また、身だしなみは「自分は大丈夫」と思っている人ほど、実は知らぬ間に周囲に不快感を与えているケースが多くあります。

ベテランになればなるほど、周囲から指摘や忠告などを受けなくなり、裸の王様状態になります。裸の王様にならないよう、今一度、原点にかえり、謙虚な気持ちで身だしなみと向き合ってみましょう。

身だしなみ基本チェックリスト

- □ お目にかかれた喜びと感謝を目の表情で表現しているか?
- □ 先手で挨拶をしているか?
- □ 感謝と謙虚の気持ちを態度やしぐさ、姿勢で表しているか?
- □ 清潔感のある髪型をしているか?
- □ 男性は、耳や襟に髪の毛がかかっていないか?
- □ 女性は、耳を出し、まとめられる長さの場合は、まとめているか?
- □ 服装にしわ・汚れ・ほつれ・しみはないか?
- □ 肩にフケが落ちていないか?
- □ 洗髪をしているか?
- □ 汗臭くないか?
- □ 香水の香りは適当か?
- □ ヘアスプレーなどのニオイはないか?
- □ 足元からのニオイはないか?
- □ 歯磨きをしているか?
- □ 口臭ケアをしているか?
- □ タバコ臭くないか?
- □ 洋服やカバンなどにタバコのニオイが染み付いていないか?
- □ 靴下は破れていないか?　ストッキングは伝線していないか?
- □ ハンカチは3枚持参しているか?
- □ ティッシュペーパーや懐紙を持参しているか?
- □ 絆創膏を持っているか?
- □ 腰から下着や肌が見えていないか?
- □ 腰からワイシャツやブラウスなどがでていないか?
- □ 靴の表面とかかと、中、そして、裏までも磨いているか?
- □ かかとはすり減っていないか?

成功する接待の身だしなみ

基本をクリアしたら、次は成功する接待の身だしなみです。接待は、公式な仕事の場ですので、服装は正装が基本。しかし、あなたの職種や年代、また会社の規模、接待相手などによって変わることもあります。共通して気をつけるポイントは、TPPPOの法則、次の5点です。

1 T（TIME）時
2 P（PLACE）場所
3 P（PERSON）人・相手
4 P（POSITION）立場
5 O（OCCASION）場合

真のマナーは、時・場所・相手・立場・場合に応じて、その型を臨機応変に変化させます。マナーは決まりきったマニュアルでも、ルールでもありません。その場にいるひと達が、互いに心地よく、プラスの関係を築いていくために存在するものです。

究極のマナーの話として、世界的に有名なフィンガーボウルの話があります。フィンガーボウルは、指を洗うためにテーブルの上に出される水の入った入れ物ですが、そうとは知らずに、公式の晩餐会でその水を飲んでしまった発展途上国の王を見た女性（エリザベス女王といわれているが諸説あり）がその王に恥をかかせないように、自分も飲んだ、という話です。

これに似た話が、私が英国にいた30代前半（もう20年近く前になりますが）の時にありました。英国は日本のように湿度が高くないため、夏でも涼しく心地よく過ごせます。そのため、家にはほとんど冷房はありません。オフィスでも、冷房はほとんどつけないでしょう。

ところが、ある日、そんな英国でも大変暑い日がありました。この日、ウィリアム王子は公式な場でランチをとっていました。同じテーブルで食事をしている紳士達。しかし、いつもはスマートな紳士達も、この日は、暑さでストレスを抱えている様子。それを察した王子は、食事中にもかかわらず、着ていたジャケットを脱いだそうです。

それを見た同席者たちは、王子に拍手をして、自分達もジャケットを脱ぎ、心地よく食事を続けたそうです。

正式な場所での食事中、男性はジャケットを着用していることがマナー。しかし、時と場合などに応じて、そのマナーの型を破ることが真のマナーになり得るのです。

ただし、この型破りは、日頃、基本マナーを実践しているからこそ許されること。接待においても同様です。まずは、基本の身だしなみマナーを実践した上で、TPPOに応じた対応をしてまいりましょう。

先方より高級なものは身につけない

接待をする立場の場合は、先方よりも高級で高価なものは身につけないという鉄則があります。先方を優位な立場におき、気分をよくして差し上げましょう。とはいえ、慇懃《いんぎん》無礼《ぶれい》に思われるような過剰なへりくだりは、かえって禁物です。さりげなく、感じよい控えめな謙虚さを醸し出します。そこで大切なポイントは、服装の素材です。

あなたが**接待する側のトップとしてその場に臨むのであれば、見た目はシンプルであっても、しっかりとした素材感のスーツ、シャツ、ネクタイを着用すると信用・信**

頼度が増します。

ワイシャツは白がおすすめ

日本は、暑さや寒さがはっきりとしている四季があり、日本人は自然と神との調和を大切にしてきた民族です。神社に行くと、手水舎で手と口を清め、依代《よりしろ》などの色は白です。**接待相手が、特に外国人の場合、ワイシャツの色は、清浄・清潔感を表す白をお薦めします。**おしゃれな印象を与えるブルーやストライプ入りのワイシャツは、接待される側が着用し、相手に華をもたせましょう。

もちろん、あなたが海外で接待される側になる場合でも、真っ白のワイシャツは有効です。高級感やおしゃれ感を出したい場合は、カフスや、さりげない袖のネーム刺繡で差をつけてみてはいかがでしょうか。

元々はワイシャツそれ自体が下着の役割をしていたため、ワイシャツは肌の上に直接着用して良いものです。私が英国にいた頃は、現にそのように着ていた方がほとんどでした。もちろん、通常の下着の上にワイシャツを着ても構いません。

ワイシャツの下に着る下着の選び方

ワイシャツの袖部分から下着の袖が透けないように、下着はノースリーブで、色は透けにくい自然なベージュをお薦めします。また2次会などで盛り上がり、万が一、ネクタイを外し、ワイシャツの第一、第二ボタンを外すようなことになった場合を想定し、首元、胸元から下着が見えない襟ぐりの深いVネックを選びましょう。

ワイシャツの襟の形で差をつける

また、ワイシャツの襟の形でアピールするのも良いでしょう。上司であれば、ワイドカラーを選び、部下はレギュラーカラーで差をつけます。とはいえ、その方の体型などに応じて、お薦めのカラーがありますので、一概に言えることではないのですが、ご参考までに。

極力控えめにしたい場合は、互いにレギュラーカラーで統一させると、相手から見た際に、統一感があり、安心できる良い印象になります。

上司に同行する部下後輩の立場の人は、上司よりも目立つことなく、かつ高級品を身につけないということも心得ておきます。

ワイシャツの襟の形

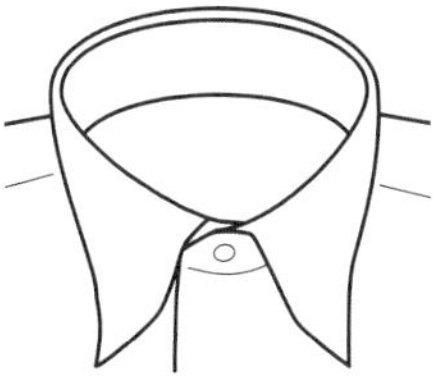

セミワイドスプレッドカラー

襟先の開きは80〜100度くらい。レギュラーとワイドスプレッドの仲間。

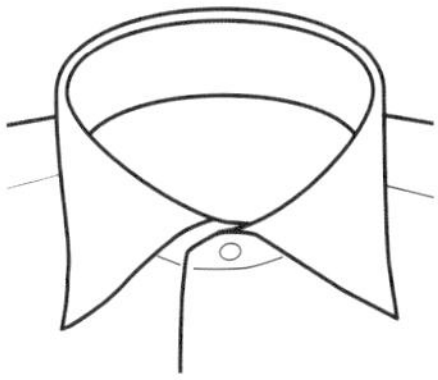

ワイドスプレッドカラー

襟先の開きは100〜140度くらい。フォーマル性が高い。

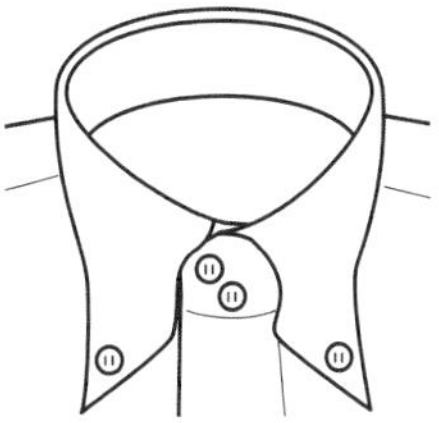

ドゥエボットーニカラー

イタリア語で2つのボタンという意味。台襟にボタンが2つ付いている。

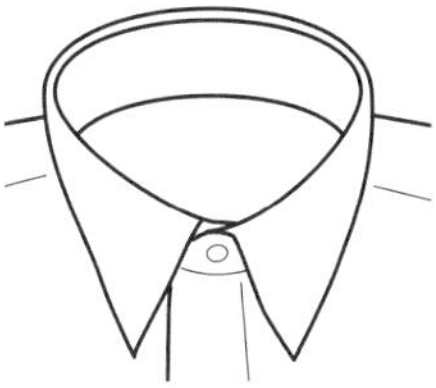

レギュラーカラー

襟先の開きは75〜90度くらい。もっとも基本の型。

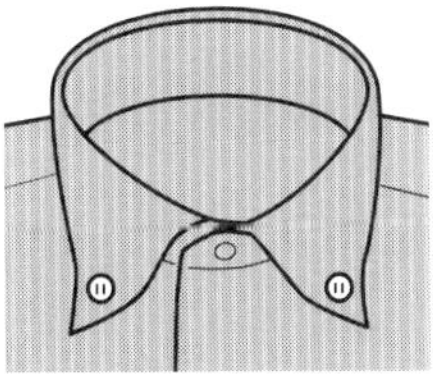

ボタンダウンカラー

襟先をボタンでシャツの見頃に留めたもの。ボタンダウンカラーは、シャツの格としてはカジュアルです。しかし柄によっては、その印象が変わります。ストライプはフォーマル感あり。チェックはカジュアル感が高い。

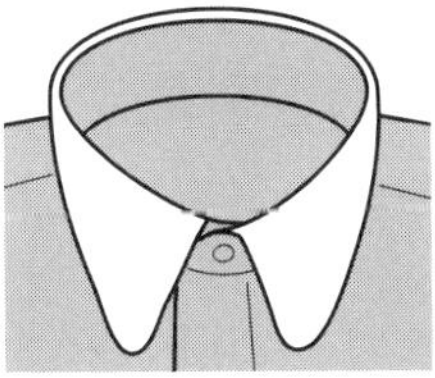

クレリックカラー

白地の襟先が丸型にカットされている。クレリックシャツは、身頃が襟とは異なる色柄。

靴は必ず磨いておく

ビジネスシーンにおいて、スーツ着用時は革靴を履きます。これは、接待時も同様。男性の成功の秘訣は靴にありといわれるくらい、靴は重要です。

毎朝、自分で自分の靴を綺麗に磨く人は必ず仕事で良い結果を出します。なぜならば、毎日、自分を支えてくれている靴に対して、感謝する心を持っているからです。自分の足元に感謝できる人は、それ以上に他人に感謝しているはず。接待の場では、あなたが人徳者であるかどうかも見られています。

明るめの茶色の靴は、ビジネスシーンには不向きです。ダークなスーツに靴だけ明るい茶色は軽い印象を与えます。

薄いグレーのスーツに茶色の靴はおしゃれですが、ビジネスシーンにおしゃれは不要。身だしなみは相手中心で、おしゃれは自分中心だからです。

あなたの身だしなみの印象が、イコール会社の印象です。特に、座敷に上がる際に、靴を脱ぐ可能性もある接待などでは、黒の靴と心得ましょう。

靴にも格があります。服装のフォーマル度やカジュアル度に合わせて選びます。

男性のビジネスシューズ

ストレートチップ・スタイル

甲の部分に横一文字のステッチが刻まれている。ひも付き。ひもを通す部分が外に出ている「外羽根」は、ビジネスシーン向き。出ない「内羽根」は、フォーマル度が最も高くなる。

パンチドキャップトゥ・スタイル

甲の部分の横一文字のステッチの間に細かな文様が入っている。

プレイントゥ・スタイル

甲やつま先の部分に飾りなし。男性の短靴の基本。

ウィングチップ・スタイル

甲やサイドに穴飾りがたくさん付いている。ひも付きの靴の中では、ややカジュアルな印象。

モンク・ストラップ・スタイル

甲の部分に太めのベルトと、それを留めるバックルが付いている。ベルトが1本のシングルモンクと2本のダブルモンクがある。

接待時には、ストレートチップ・スタイル、パンチドキャップトゥ・スタイルかプレイントゥ・スタイルを履きます。足元からも、相手に対する敬意を表現しましょう。

ベルトは色と素材に要注意

ベルトは、黒色で模様なし。金具はゴールドでなくシルバータイプのものを。靴とベルト、カバンの色と素材は統一させましょう。

カバン、年代別の選び方

カバンは、20代・30代半ばの男性は革のカバンに限る必要はありません。ビニール素材でできているタイプや機能性の高いデザインを選びます。30代後半以降の男性は革のカバンでベテランの雰囲気を醸し出すとよいでしょう。ただし、上司と同行する際は、上司よりも控え目に。

女性も靴とカバン（バッグ）の色と素材は統一させるのが、ファッションマナーの原則です。バッグはひと目でブランド品とわかるものは控えます。

腕時計はシンプルに限る

接待する側は、派手な印象を与えないシンプルな時計を着用。ひと目でブランド品とわかるものは避けましょう。本物のブランド品は、さりげなく見せるのがスマートな身につけ方です。特に同行する立場の若手の人は、高価な小物を身につけていないほうが好感を得ます。

接待される側は、相手や立場を踏まえて、好みのものを着用しても構いません。男性は、時計にこだわりをもつ人も多くいらっしゃいます。相手様の時計を褒めたりすることで会話が弾みます。若手の人の、「とてもかっこいい時計で、憧れます！」「○○さんと同じ時計を購入できる人になれるよう、頑張ります」などの言葉は、相手の心に響きます。会話が弾むように、接待される側は、その立場などにもよりますが、接待する側よりも控えめにしなくても良いといえます。

名刺入れは2段に分かれているものがオススメ

名刺入れは革製のもので、2段に仕切られているものを最低2つは持参。名刺が足りなくなった、同行者が名刺入れを忘れた、などの時に役立ちます。金属製のものは、名刺交換時には使用しない。これをすでに持っている人は、予備の名刺を入れるものとしてカバンの中に常備させて使用すればよいでしょう。

女性の場合も色は、黒、濃紺、茶色。女子力アップ色とされるピンク系や、金運アップの黄色系などは、接待、ビジネスシーンでは控える。

素材は、革か布製を。中は2段に仕切られているもの。奥には自分の名刺を、手前にはいただいた名刺を入れて区別と整理をします。メタル製などの金属素材でできているカードケースはお薦めしません。中が2段に仕切られていないタイプのものが多い上に、あやまって落とした場合、床に傷をつけたりする可能性があるためです。

アクセサリー類は控えめに

男女問わずお守りのように身につけているパワーストーンのブレスレットなども、気持ちはわかりますが、接待の最中は外す配慮もマナーのひとつです。相手によっては、宗教色を感じ、それをプラスに受け止めてくれない人もいるかもしれません。

人は千差万別です。様々な見方や捉え方、感じ方をしますので、なるべく誤解されないよう、相手の立ち位置に立ってみましょう。仕事の一環である接待を良い機会とし、一度、客観的に自分の身だしなみや立居振る舞い、言動を省みてください。

接待中の身だしなみタブー

- 相手がジャケットを脱いでいないのに、自分は脱ぐ
- 相手がジャケットのボタンをすべて外していないのに、自分は外す
- 腕まくりをする
- ネクタイの剣先をワイシャツの中に入れる

男性　接待ではスタイリッシュな清楚感と誠実さを醸し出す

- 濃紺、ダークグレイなど、基本的にダークスーツを着用
- 男性のスーツ選びのポイントは「肩」です。スーツは肩で着るともいわれています。肩幅と胸板のサイズでビシッとキメましょう。スーツの袖の長さは、ワイシャツの長さよりも短く。スーツの袖口を傷めないためです
- 自分の体型、サイズに合ったものを着用
- ジャケットのボタンは、シングルの2つボタンが無難
- ジャケットのボタンは、一番下は留めず、他は留める
- 段返しのボタン（一番上のボタンが襟に隠れているもの）は、一番上も留めなくて良い（3つボタンになっているので、真ん中のみ留めることとなる）
- ズボンの裾は、ストレートでシンプルなものが無難
- スーツはストライプなどが入っていない、シンプルなものが無難
- ボタンダウンのシャツは控える。ボタンダウンはカジュアルなシャツと見なされるため

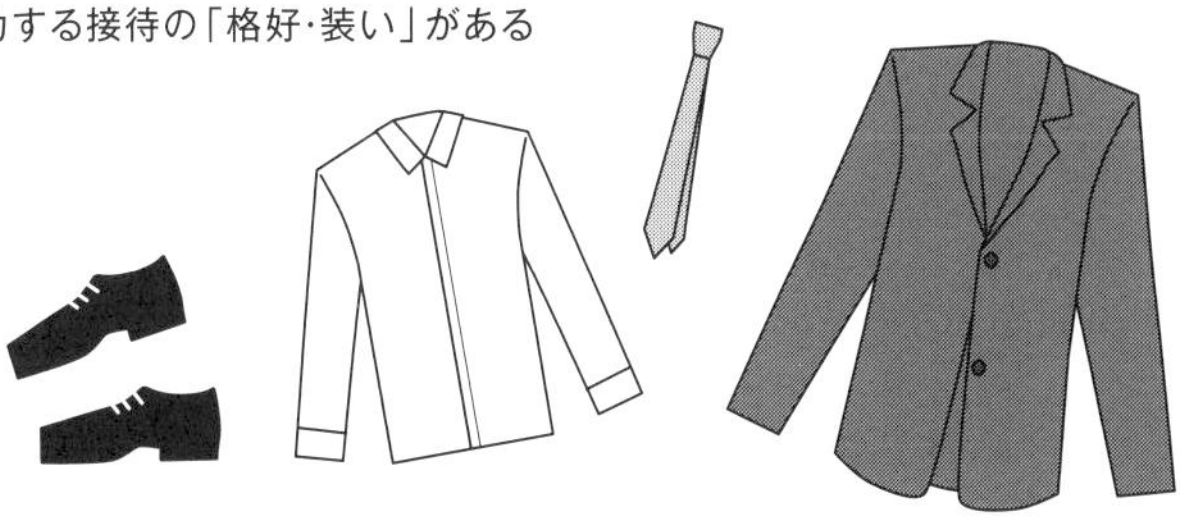

- ワイシャツの色は、白。襟はレギュラーが無難。もちろんワイドでもOK。カフスや袖のネーム刺繍で高級感を醸し出す。ただし、上司より目立たないように
- ネクタイも、派手な印象を与えない色やデザインのものを着用
- ネクタイの色は、自分に合ったトーンの色を選ぶ
（自分に似合う色の見つけ方は、89ページを参照）
- スーツの色と、靴下の色は同系色
靴、ベルト、カバンは黒
- くるぶしまでのスポーツソックスや、透け透けの靴下はNG
- カフスは控えるほうが無難
- ネーム入りのワイシャツも控えたほうが無難
- つま先の尖った靴はNG
- 靴の表面とかかと、中、そして、裏までも磨いておく
- かかとがすり減っていないように、事前に修理などに出しておく
- ひものついた皮革を着用
- 指や爪を綺麗に手入れしておく

女性　接待ではキュートな安定感と信頼感を醸し出す

- 基本的にスーツを着用
- 自分の体型、サイズに合ったものを着用
- 体のラインが強調される(わかる)デザインのものは着用しない
- スーツの色は、上司に同行の場合は上司に相談、確認するほうが安心。基本は、ダーク系。明るさを表現するには、インナーを白やペール系のピンクやイエローなどで変化を出す。自分が上司の場合は、オフホワイトやピンクベージュなどの明るめの色のスーツでもOK
- 自分に似合う色の服装とメイクで印象アップ
（自分に似合う色の見つけ方などの詳細は89ページ参照）
- ジャケットのボタンは、すべて留める
- パンツスーツよりスカートのスーツ
（欧米では、女性の正装はスカート）
- スカートの丈は、立っている状態、椅子に座っている状態、正座をしている状態のすべてにおいて、ひざ下にあること
座敷の場合は、タイトスカートではない長めのフレアをお薦め
- 高すぎるヒールやピンヒールはNG（足音が響く）

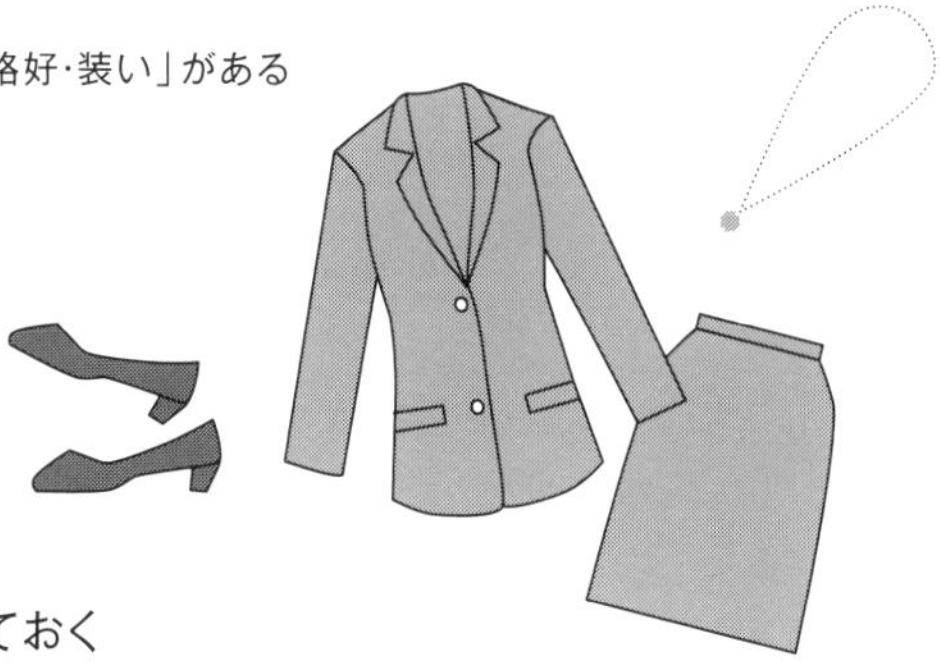

- 指先、爪の手入れをしておく
- マニキュアは、透明感のある自然な色味のものをつける
- 基本的に、ネイルアートはしない（業界や職種などによる）
- 下着や肌が透ける服装はNG
- 胸元が開きすぎていないインナーを着用
- 下着が透ける素材は着用しない
- 夏でも、肌の露出をおさえる長袖を着用
- ネックレスなどのアクセサリーは、小振りで控えめな印象のものを
- 靴は、黒、紺、グレーのスーツには黒色で。ベージュ系のスーツにはベージュの靴を。ヒールは3～5センチ。デザインはプレーンなパンプス。靴の表面とかかと、中、そして裏までも磨いておく
- かかとがすり減っていないように、事前に修理などに出しておく
- ストッキングはナチュラルな色で。黒や網タイツ、模様入りはNG

コラム

接待で成功する人は、自分色を知っている

身だしなみ研修やコンサルティングでは、社会人としての身だしなみの基本から、様々なシチュエーション・立場などに応じた身だしなみを指導します。なかでも人気なのは、その人に合った色探しです。

たとえば、同じ白でも純白もあれば、生成りがかった白もあります。紺や赤など、他の色も同様です。同じ色でも、白味がかった色が似合うのか、深みのある色が似合うのか、自分に合う色を知っておくことはとても大切です。

また、似合う色を自分で判断できるスキルも大事です。たとえば、あなたが車を販売する人だとしましょう。もちろん、車の色は、お客様の好きな色で良いのですが、もし、迷われている時などは、そのお客様に合う車の色や、内装のシートの色などもご提案できるからです。

自分に似合う色と一緒にいることで、その人が元々もっている自然の良さを際立たせることができます。車に乗っているお客様の写真を撮った際に、シートやボディの

色次第で、お客様の輝き度が違ってみえます。自分が素敵に映る車を紹介してくれたと、お客様はあなたを高く評価し、感謝するに違いありません。

これは、職場環境も同様です。制服の色、店内、室内の壁紙、机、椅子、カーペットなどの色使いから、モチベーションがアップする色のご提案なども、職場の身だしなみの一種としておこないます。

これらは、接待にも生かされます。接待時には、店内や個室の壁の色を事前に知っておくことで、当日のネクタイの色や、女性であれば、インナーの色を決めることができます。室内と調和する色を身につけることで、相手があなたに安心感をいだき、心をひらきます。心地よくリラックスすると、会話も弾み、お宝情報も得られる可能性があります。現に、私自身も、メイクの色やバッグの色なども含め、マナーと色の魔法を接待でも活用しています。

弊マナーグループでは、このような色の見分け方をはじめ、相手の立場に立つという真心マナーと色の心理的効果も盛り込んだ身だしなみ研修をすることにより、クライアントの収益増に貢献しています。

ここぞ！　という商談などのときには、赤いネクタイをする、というカラー心理的な側面からの装いの仕方があります。

しかし、接待の際には、赤いネクタイは避けた方が良いでしょう。相手に強い印象を与え過ぎてしまい、リラックス感や打ち解ける関係が築きにくくなります。

お薦めは、癒しのモスグリーン系。とはいえ、接待を成功させたい気持ちもあります。そういう時は、ジャケットの内ポケットなどの見えない箇所に、赤いポケットチーフなどを隠し入れておくと良いでしょう。内なるエネルギーとして、あなたを成功に導いてくれるかもしれません。

女性の場合は、時計の盤面に、さりげなく赤の石などが施されているものなどを身につけておくと良いですね。

また、接待のために、わざわざスーツを新調するには、費用もかかります。しかし、靴下やストッキング、下着であれば、その金額も抑えられます。肌に直接身に付ける下着や靴下などを新調することで、その接待へのさりげない意気込みを表現してみてはいかがでしょうか。気持ちも新たに清浄感に満たされます。

似合う色の見分け方　簡単トレーニング法

1 鏡の前で、ネクタイや口紅など、色のついたものを自分にあてる。
2 ネクタイや口紅などの色に目がいくと、それはあなたには似合わない色。
あなたの目に視線がいけば、その色は、あなたに似合っている色です。


難しく考えず、毎日、意識してみると、見分けることができるようになります。

私がこれをお薦めするのは、色を見分けることのできる人は、人も見分けることができるようになるからです。「十人十色」という言葉のとおり、同じ人同士でも、それぞれ異なります。色も、同じ青でも、様々な青がありますね。その微妙な違いを見分けられるようになると、人のこともみえてきます。相手が望んでいること、求めていることを、言われなくても先手で提供できるようになります。

また、接待時に、「○○社長は、さすが、社長にお似合いのロイヤルブルーのネクタイをお召しになっていらっしゃいますね」など、その場にいる人に似合う色を伝えて差し上げられ、場を盛り上げることにもつながります。

コラム

ポケットのフラップは室内では中に、屋外では外に

ポケットのフラップは、室内では中に、屋外では外に出すのが正式です。

理由は、次のようなことです。もともとポケットにはフラップはありませんでした。フラップを付けたのは、狩猟に行く時にジャケットのポケットに弾を入れていたら、雨が降ってきて使い物にならなくなったのでそれを防ぐために英国で考案されたのが始まりといわれています。フラップは、ポケットの中に入れてあるものを守るために付けられたものなのです。

ビジネスシーンにおいては、左右のフラップが同じスタイルになっていればどちらでも構いません。

第3章

相手を最高の気分にさせる「直前準備から当日のお出迎え・ご案内まで」

接待は直前準備が命！

事前準備だけで安心してはいけません。本気で接待を成功させたい人、また、ビジネスで結果と成果を出し、評価される人は、準備に余念がありません。

本章の前半では、接待当日、お出迎えをする直前までに準備すべきことを、後半では、実際にお目にかかった時の立居振る舞いについてお伝えいたします。

接待では、その外面や立居振る舞いが大切なことは当たり前です。第一印象や見た目の印象も重要ですが、真に結果や成果を出し、活躍するビジネスパーソンは、第一印象にプラスして、**第二印象**が最高に優れています。

接待での成功には、最終的に相手に心をひらいていただき、互いに良好な関係を築けるマナーが必須です。そのためには、相手様の気分や気持ちをプラスにできる能力が必要です。この能力こそが、おもてなし、配慮、すなわちマナーという相手の立場にたてる思いやりの心なのです。

では、接待で結果を出すために必要な第二印象のポイントは何なのでしょうか。それは、**「状況と情報の把握」**です。これらを押さえておくだけで、接待の場が単なる飲み会、食事会ではなく、「内容のあるもの」へと激変します。

接待も会社からみれば投資の一部です。投資は成果を出すためにおこなうこと。あなたの時間や労力を無駄にしないためにも、ここは念入りに押さえておきましょう。詳しくは5章で改めて解説するとし、本章では基本項目をまとめておきます。

必須！ 現状を把握すべし

① 先方の会社の状況、経済、社会などをチェック

1 直近の先方の会社の状況を把握・確認

新聞などのニュースには必ず目を通し、接待をする直前まで、先方の会社の状況（株

価など含む）を把握しておく。

また、社会貢献活動、ＣＳＲ、スポンサー活動などの情報を得ておきます。

2 前日に電話をかけ、先方の様子を聞き出す

接待前日の夕刻に、先方の同行者（部下）に電話をかけ、当日の確認をしつつ、上司や本人の様子を伺い、聞き出す。

たとえば、風邪でのどを痛めている、花粉症で頭痛がひどいなどの具体的な情報を聞き出し、当日に、のど飴を持参したり、花粉症に効くといわれているサプリメントなどを紹介できるように、など準備をする。


また、①世界 ②日本 ③地方・地域の**「経済状況の把握」**、①世界 ②日本 ③地方・地域の事件事故など**「社会状況の把握」**、①世界 ②日本 ③地方・地域の**「スポーツ・芸能・娯楽などの情報把握」**なども大切です。第5章の話し方・会話の章にて、具体的にお伝えします。

次に、「話の内容」以前に、把握しておくべき情報、準備しておくこと、用意しておく物など、接待当日の様々なことへと話を進めましょう。

② 当日の天候をチェック

接待と天気、一見関係なさそうですが大アリです。朝は晴れていても、接待の約束時間には雨が降るかもしれません。もし雨や雪の予報だと事前にわかっていれば……。こういう時にこそ、あなたの力量が問われます。「できる」と思わせるチャンスは悪天候の時にあると言っても過言ではありません。

理由

1 約束の時間前に雨が降りそうな場合などは、身だしなみを整えるためにも、早目に到着する。そのために逆算して、会社を早目に出るようにするため。

2 台風などの予報が出ていれば、事前に先方に決行するか否かの伺い、相談の連絡をするため。

3 接待中に雨が降りそうな場合は、余分に傘を準備していくため。この場合は、お返しの手間や、気遣いをさせないビニール傘が良い。自社名入りのビニール傘の用意があれば、なお善し。先方のご家族に、本当に接待であったと思ってもらえたり、また、その後も役立つ品である。もしくは、折りたたみ式の傘でも良い。万が一、先方が返却する際に、持ち運びしやすく、送ることも可能。

このような事態に備えて、デパートのセールの時などに、安くなっている傘を購入しておくのも一法。

基本的に、このような場合の傘は、差し上げるスタンスでお渡しする。ただし、先方が「お返しにまいります」と言ってくれれば、ひと言目は、「いえいえ、それには及びませんので、どうぞ、お気になさらないでください。しかし、傘はなくとも、ぜひまた、○○社長とお目にかかれれば、大変光栄に存じます」「ぜひまた、お目にかからせていただける機会を頂戴できれば、大変有り難く存じます」などと、次回につなげる会話にもなりうる。まさに、恵の雨となりましょう。

③ 当日の道路状況・交通状況の確認と把握

接待の会場まで徒歩で行くということは、会社近くのオススメのお店が接待場所であるという場合などをのぞき、あまりないでしょう。電車であれタクシーであれ、交通状況の確認は必須です。

場合によっては、どちらか、または、双方が大幅に遅刻をする可能性もあります。このような恐れのある場合には、事前にお店に電話をして相談し、その場でお客様に失礼のない対応ができるようにしましょう。

理由

1 遅刻をしないため。

接待をする側の遅刻は厳禁です。先方がどれくらい早目に来るかわからないため、担当者は、約束の時間の遅くても30分前には現地に到着し、お店の人への挨拶と、身だしなみの最終確認をします。特に、表情は大切です。表情に自信のない人は、お化粧室（トイレ）に行き、鏡の前で、顔の筋肉をほぐしましょう。

2 先方がいらした際に、不便はなかったかどうかの配慮の言動が可能となる。

相手は、そこまで自分達のことを心配し、気にかけてくれていたことに、好意をいだくことでしょう。

接待では、そのすべてがどれも重要で大切なことばかりですが、やはり、最初と最後でその接待が成功するかどうかが決まります。特に、接待当日のスタート時点で、相手様の気持ちをよくする決まり文句ではないマナーあるひと言で、高得点をとるためにも、これらの直前の事前準備は、相当に重要なことです。

新券を準備する、そのひと手間のメリット

お店やタクシーなどで現金にて支払いをする場合は、新券（新札）で払うことをお薦めします。お祝い金を贈る時には、新券で渡すと、渡される側は、わざわざ自分のために、新券に両替をしてくれたことに感動し、感謝します。アイロンでお札のしわを伸ばす、という方法もありますが、できれば銀行に足を運び、新券両替をおこないましょう。その時間と労力という手間に、相手は心うたれます。

接待は、会社を代表して相手様をもてなすことです。当日のお店やタクシーの運転手など、関係するひと達全員に対して感謝の気持ちをもち、心地よくなってもらおうとする意識が大切です。そう考えた時に、自分にできることを創造するわけです。

仕事には、2つの「そうぞう力」も必要です。まず、相手の立場に立ち、何をすれば、何を言えば、相手が心地よく感じるか、相手に喜んでもらえるかを「想像」イメージ

します。つぎに、それを実際の型として「創造」クリエイトするわけです。

使用済のお札を渡された時と、ピーンとしわひとつない綺麗な新券を渡された時、自分がどのような気持ちになるかを想像すれば、答えはすぐにわかりますね。

接待の相手様に対することも想像できます。例えば、帰りのタクシー代をお渡しする時や、突発的なことで、お客様に現金をその場でお渡しすることになるなど、当日は何が起きるかわかりません。そのような際に新券を渡されたら、先方はどう感じるでしょうか。新券をもらい、良い気持ちになれると同時に、それを渡してくれたあなたに対する印象は、ぐーんとアップすると思いませんか。

忙しくて銀行に行く時間もないかもしれません。それでも、接待は、昨日今日の話ではなく、前々からわかっていることです。接待当日までの最低でも2、3週の間のお昼休み等に銀行に行ける日もあると思います。

常に、**先手で先を見据えて、まずは相手様のことを考えて差し上げ、できる限りのことをおこなう**。その結果、自分への評価、ご褒美が還ってくる。

面倒と思うことでも、まずはマナーの心で行動、実行してみる。結果、それがプラスに働いた時は、面倒だっただけに、「やって良かった!」と、それまでの人生で体験していない充足感や達成感を味わうことになるでしょう。

また、いつ何が起きるかわからないという事態に備えて、**封筒やポチ袋も用意**して持参すると、イザというときに役立ちます。

日本には、**「包む文化」**があります。**特にお金は、包んでお渡しをする**のが、日本の奥ゆかしさの表れとなり、それは同時に相手様を敬う気持ちにもつながります。敬ってもらう相手の気持ちには、少なくともマイナスな感情はわかないでしょう。もし、これらを忘れた場合は、懐紙に包んで渡しても構いません。

このようなちょっとした気遣いと気配りのマナーで、あなたは、人と差がつくほどに、年齢関係なく、結果を出せる人になれるのです。

手土産の購入

食品以外の置物などであれば、事前に準備するほうが良いですが、食べ物の場合は、なるべく新鮮、日が新しい物を購入しお渡しするほうが好ましいです。手土産については第6章で詳しくお話しします。

お出迎え、ご案内ひとつで差をつける一流

先日、ある企業から会食のお誘いを受け伺いました。先方の上司2名と部下1名、計3名と研修後のフィードバックも兼ねた食事会でした。

そろそろ、お開きになりそうという時に、若手社員が席を立ちました。さりげなく、お会計にでも行くのかなと感心し、少し間をあけてから、私はお化粧室に向かいました。すると、前方からポケットに手を入れて、ダラダラとスーツ姿で歩いてくる男性。一緒に接待ともいえる会食をしている男性ではありませんか。私に気がつき、慌ててポケットから手を出しましたが……。

身だしなみは言ってみれば、お金をかけたり装いひとつで誰でも一瞬で整えられるもの。しかし、その土台となる表情や態度、姿勢は意識をしなければできません。ズバリ言うと、**その人の内面が外に表れているもの、それが「外見」**です。

たとえば、背筋を伸ばすだけで、周囲からは堂々とした人という印象をもたれます。

そして、そんな背筋を伸ばした自分からは内面的にも自信が湧き上がってくるのを感じるに違いありません。

レギュラー出演させていただいているテレビ番組の担当ディレクターに、次回の内容説明のため、座敷での正座の仕方をレクチャーした時のことです。私の動作とともに、ディレクターもそれを真似て正座をしたところ、「先生！　なんだか気持ちがシャキッとして、生まれ変わった気分です！」と目を輝かせながら言うのです。すっかりモチベーションの上がったディレクターは、その後、スイスイと構成を作り、視聴者の皆様にも喜んでいただける放送となりました。

そうなのです。マナーの意識を高めるということは、自信がつき、モチベーションもあがる。そして、結果を出す仕事もできて、評価をされる。マナーの習得は、自然と人間性の向上にもつながるのです。

接待に向かう途中、いつ、どこで、誰に見られているかわかりません。接待に限らず、駅や電車、新幹線、飛行機、バス、タクシー、路上など不特定多数の他者との接近度が非常に高い場でマナーを意識するということは、ビジネスマナー以前の人としてのマナーといえましょう。人間性は日常にこそ表れるのです。

人間性は、姿勢と歩き方に表れる

スーツや靴が整えられていても、一歩歩き出したら猫背だったり歩き方がスマートでなかったりすると、仕事ができる一流には見えません。私たちの**接待マナー研修でも、姿勢や歩き方については特に力を入れて指導させていただく部分**でもあります。

特に注意したいのは、背中を丸めた猫背の歩き方です。いかにも自信なさげに見えてしまいます。謙虚さと自信がないのは異なります。猫背になると、歩幅が小さくなるため、物理的にも人より遅れをとり、積極性に欠ける人と思われるなど、マイナスの印象が強くなりますので、注意しましょう。

一方、ポケットに手を突っ込み、がに股歩きをしている人は、下品でいい加減な印象を与えてしまいます。胸をはり、正面を見すえてさっそうと、かつ、謙虚さも感じさせる歩き方を心がけてください。

改めて一流のビジネスマンに見える姿勢と歩き方を、ここでまとめてみます。

姿勢の一流

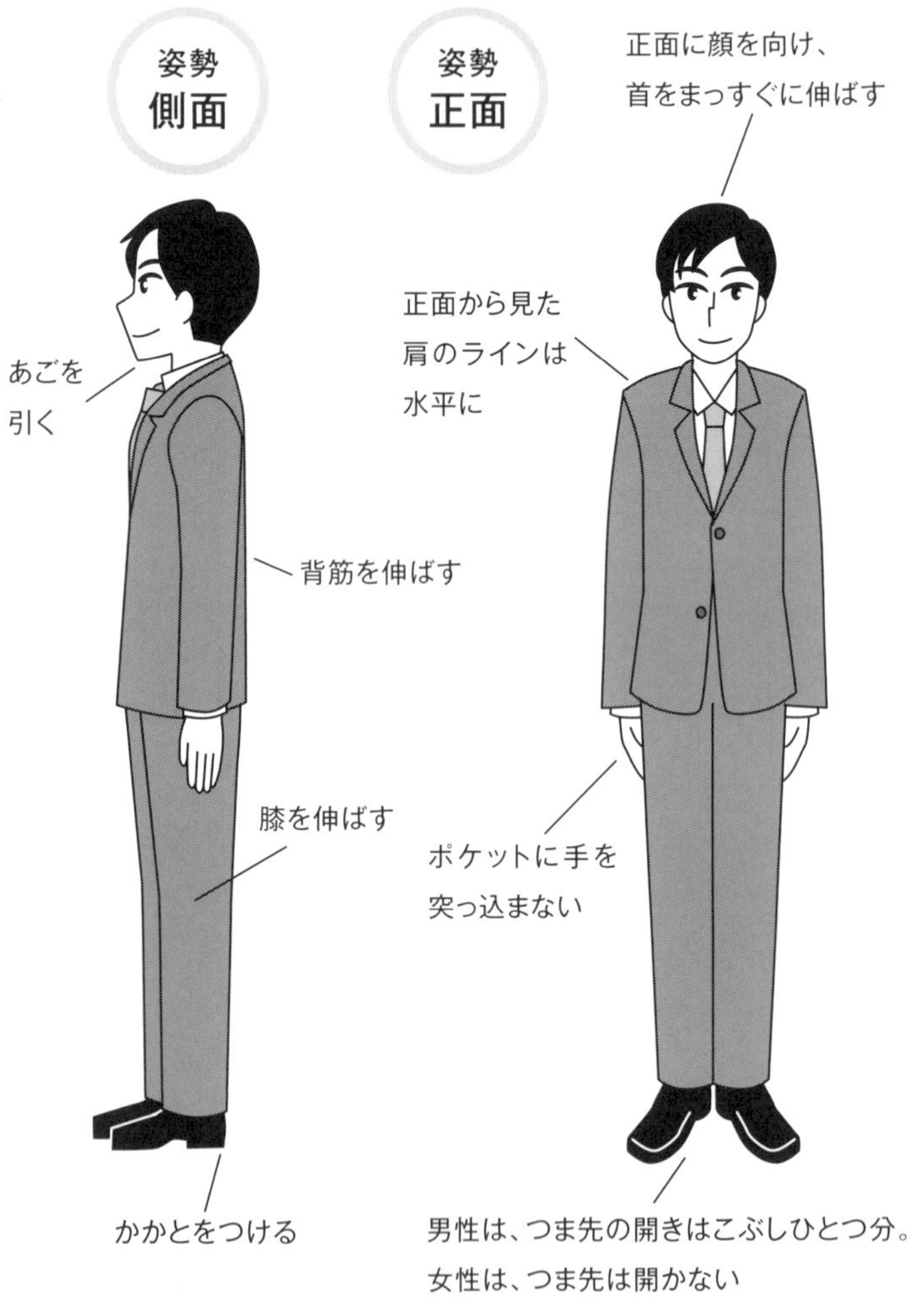
姿勢
側面
姿勢
正面
正面に顔を向け、
首をまっすぐに伸ばす
正面から見た
肩のラインは
水平に
あごを
引く
背筋を伸ばす
膝を伸ばす
ポケットに手を
突っ込まない
かかとをつける
男性は、つま先の開きはこぶしひとつ分。
女性は、つま先は開かない

これらを実践するための美しい姿勢トレーニング法

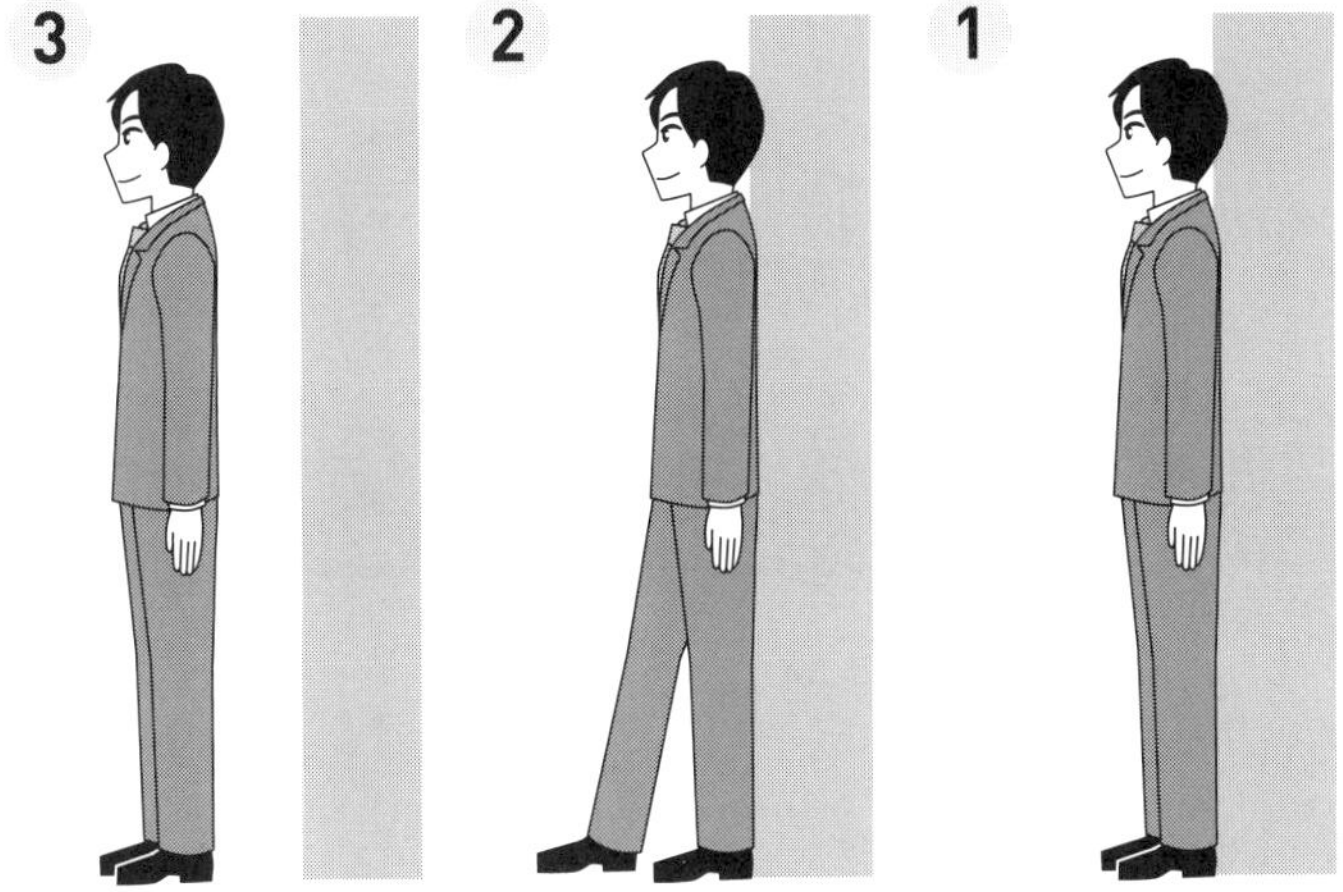

壁の前に立ち、壁にかかと、お尻、背中、肩、頭、これらのすべてが壁につくように立つ。このとき、あごは引く。

その姿勢をキープしたまま、片足を一歩前に踏み出し、着地。もう一方の足も前に出して足を揃える。男性は、つま先を握りこぶし1〜1.5個分程度開く。女性は、開かない。

この状態が、頭から足先までまっすぐで、美しい姿勢になっている状態。この身体の感覚を覚えておき、常にこの姿勢を保てるよう、意識をしましょう。

チェックポイント

- いつも人に見られていることを意識しているか
- 背中を丸めていないか
- 不自然にのけぞりすぎていないか
- そわそわと落ち着きのない態度をしていないか

歩き方の一流

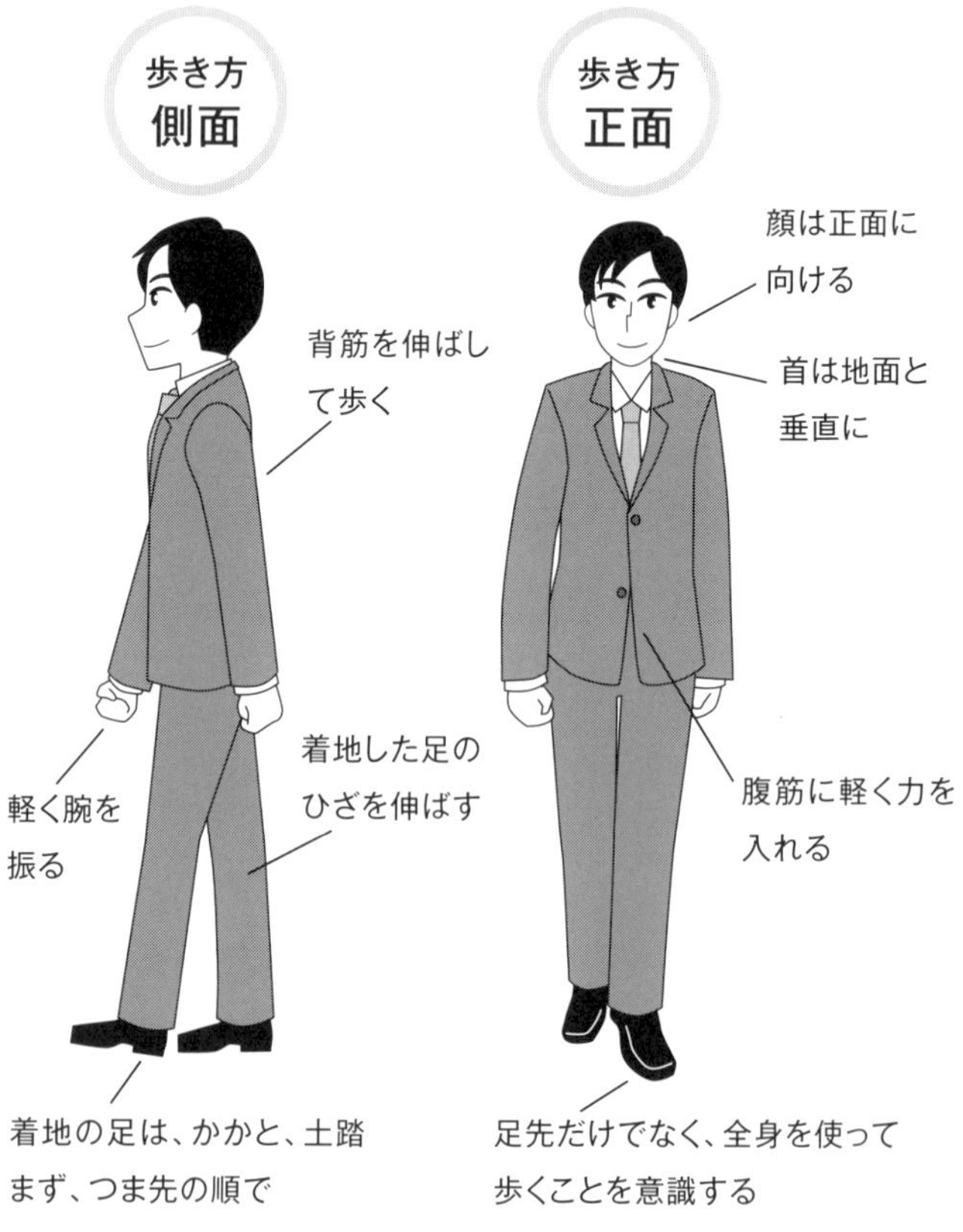

チェックポイント

・猫背になっていないか
・下を向いて歩いていないか
・ポケットに手を突っ込みながら歩いていないか
・肩をゆすったり、がに股になったりしていないか

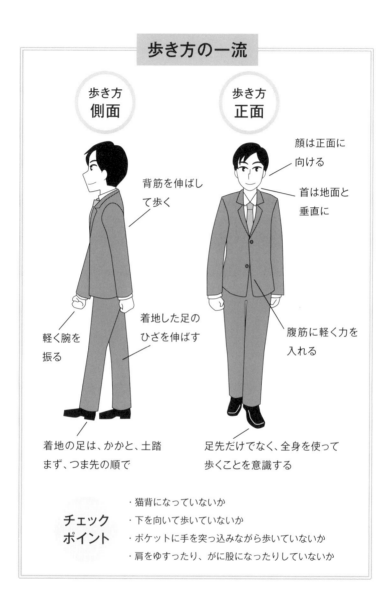

目上の人と同行する際の歩き方

お客様や上司に同行して歩く時は、相手の真横に位置してはいけません。一歩から半歩後ろに位置して歩くよう心がけます。また、信号などで立ち止まる時は、相手より一歩下がった位置に立ちます。

これは、電車内などあらゆる場所でも共通していえることです。もちろん、電車内など、周囲の状況によっては、真横に立たざるを得ない時もあるでしょう。その時は、「失礼いたします」とひと言、伝えると、相手はわかってくれるはずです。

一方、上司によっては「一歩なんて下がらなくていいよ」とおっしゃる方もいることでしょう。そう言われれば、それに従います。ここで大事なことは、あなたがその意識を持って行動するかしないか、ということです。目上の人を敬う気持ちがあればこそ、謙虚に半歩や一歩控える動作になります。見る人が見れば、謙虚な行動をとっているあなたを高く評価するでしょう。

このような日頃からの立居振る舞いが、接待や他社を訪問した時にも表れます。

あなたが案内をされる立場の場合は、案内をしてくださる人の斜め左後ろに位置し、歩きます。廊下を歩く時は、先方が真ん中を勧めても、ど真ん中を歩かずに、周囲に迷惑がかからない程度の右端寄りを歩きます。それだけでも、謙虚で礼儀正しい人という好印象を与えます。

お店に到着したらすべきこと

●お店には30分前までに到着

お店には、遅くとも約束の時間の30分前までにはその建物に到着するようにします。余裕をもって行動すれば、その分、気持ちも落ち着き、身だしなみを整える時間や、お店の人への確認や打ち合せなど、万全な体制で接待に臨めます。

早めに訪問するとお店にとって迷惑になることもあります。相手は予約の入った時間に合わせて動いているからです（とはいえ、事前に接待だと伝えているので、お店側もその心構えはできていると思います）。お店に迷惑をかけないためにも、予約時に「会食は19時からお願いをしますが、30分前には伺ってお客様をお待ちしてもよろしいですか？」と伺いをたて、了承を得ておくとお店側もあなたも安心です。

コートは〝裏おもて〟にたたむ。帽子は必ず脱ぐ

日本では、コートやマフラー、手袋は、訪問先のビルに入る前に脱ぐのがマナーとされています。コートなどは防寒のためではありますが、洋服を汚さないための塵よけの意味もあるため、着たまま、お店やお宅などに入るのは失礼という理由からです。

接待時のお店に入る場合、接待する側であれば、マフラーや手袋は、通常のビジネスシーン同様にカバンの中にしまいます。コートは、裏を表にして、三つ折りにし左腕にかけます。受付でお店の人が預かってくれると思いますので、そのまま渡します。

接待をされる側であれば、手袋はカバンの中にしまっておくほうが紛失せずに良いと思いますが、コートとマフラーはお店に預けても良いです。

ちなみに海外では、コートは建物の中に入る時は着たままがマナーとなりますので、お店の場合も同様です。お店の中に入り、あなたが脱ごうとしたら、お店の人が肩のあたりからコートをもって脱がし預かってくれます。お店の人に対し、「ありがとうございます」とお礼のひと言を忘れないように。

さらに気をつける点は、靴の底です。出入り口にマットがあれば、靴底を綺麗にしてから入ります。お店の床を汚すことのない配慮も接待力に磨きをかけてくれます。

男性は、建物の中に入る前に必ず帽子を脱ぐのがマナーです。デザイン会社や制作会社のクライアントからは、帽子をかぶったまま、接待の会場に現れる男性社員がいるという悩みをよく聞きます。これも、日頃、自分のものさしだけで仕事をしていると、当人にとってはそれが当たり前のことになってしまい、どこか悪いのか、何が失礼なのかすらわからないわけです。小学生の頃には、通学帽や運動帽は、室内ではとっていたはずなのですが……。

女性の帽子は洋装の一部（ヘアアクセサリーの一種）と考えられているので、帽子はとらなくても良いといわれています。ただし、日本ではまだまだなじみがないため特に接待する側はかぶらないほうが無難です。

お店の人を味方につければ接待力は100倍

接待当日、メインのお店で過ごす時間を、接待相手にどれほど心地よく、気分良く過ごしていただけるかは、お店の人の協力とマナー力が、その接待の成功の鍵を握る要因となります。よって、**お金を払う立場であっても、お店の人に快くご協力いただけるよう、お店に対しても感じよい真心マナーで接することが大切です**。

ときどき、20代、30代の若手の人が、お店の人に対して横柄な口調で対応する場面を見かけることがありますが、これは大変な勘違いとマナーない態度です。接待は、会社の看板とお金で利用しているお店です。また、そのような態度をとっているところを、接待相手がお化粧室に行く合間などに、見ている可能性もあります。

若手がマナーなき言動をすると、その上司までも同様に評価をされます。もちろん、それはその会社の印象にもなるわけです。

表裏の顔がないよう、誰に対しても日頃から真心マナーの気持ちをもって接しましょう。くり返しますが、接待は仕事の一部であり、会社の名前とお金でおこなうことです。決して、勘違いすることのないように気をつけましょう。

お店の人への挨拶にもツボがある

「こんばんは。本日、19時から予約をお願いしている〇〇会社の□□です」

（お店の人）「〇〇会社の□□様でいらっしゃいますね。お待ちいたしておりました」

「本日は、お世話になりますが、どうぞよろしくお願い申し上げます」


ここで、人数の確認をする。

預けるものがあれば、受付（クローク）で預かってもらう。

また、お店の人から、お部屋にご案内するかどうかの伺いがあると思います。

その時は、次の話し方、言葉づかいのポイントを忘れずに伝えます。


「**ありがとうございます。少し早くて申し訳ないのですが、**先にお部屋を拝見してもよろしいでしょうか」

と、**お礼**と、**時間が早い旨をひと言断った上で、**接待を行なう個室などに案内してもらいます。

案内される時は、お店の人の後ろからついていきます。上司がいれば、上司の後を歩きましょう。

他のお客様やお店の人とすれ違う時には、最低限、良い表情で会釈をする。お店の人は、おそらく「いらっしゃいませ」と挨拶をしてくださると思いますので、それに対して「お世話になります」と言って会釈をします。

お店側は、予約でどの会社の人が来るのかわかっています。マナーある言動で接することが、あなた自身は元より、会社の評判も上げることにつながります。

また、そのようなことが、「先日、〇〇会社の方々がお見えでしたけど、とても感じがよく素晴らしい会社だと思いました」とか、同じ会社の別の部署や社長などがそのお店を利用した際に、「先日もご利用くださり、ありがとうございました。さすが、御社の社員の皆様は、大変感じの良い方々ばかりでいらっしゃいますね」などと口コミ評判になる可能性もあります。

お部屋に通されたら…部屋と料理の確認

お部屋に通していただいたら、お店の人に、上座と下座の確認をします。

お店についたら、ここだけは要チェック!

- □ 上座・下座の確認
- □ 料理の確認
- □ 特別にお願いをしていたドリンクや料理の準備はできているか?
- □ 苦手な料理は一切ないか?
- □ お誕生日祝い用のローソクなどの準備はできているか?
- □ 支払方法
- □ タクシーの手配
- □ 雨が降ってきた時の傘はあるか?
  など

そして、先方様のもっとも上席の人の座る場所、同行者の座る場所、そして、自社側の上司、同行者の席を必ず確認し、配膳の順番に粗相《そそう》がないよう、お願いをします。

また、お料理の確認もしましょう。その際、事前の予約時に伝えていた内容がきちんと準備されているかの確認を忘れずにおこないます。

たとえば、特別なドリンクを用意してもらっていたり、苦手なものはすべて取り除いてもらっているか、また、お誕生日祝い用のローソクやケーキなどの準備はできているか、などです。

その他、支払い方法や、帰りのタクシーの手配などの確認もしておくと安心です。

出迎え方――ゲストをどこでお待ちするか？

さて、こちらがホスト側（つまり接待する側）の場合、当然ゲストを出迎えます。接待する相手を出迎える時には、次のパターンが考えられます。

1 最寄りの駅などまで迎えにいく
2 お店（お店の入っている建物）の前で待つ
3 お店の入り口を入った中で待つ
4 個室（席）で待つ

どこでお待ちするかという決まりはありません。その時の相手や状況に応じて、相手にとってもっとも気分のよくなる場所で待つようにします。

1 最寄りの駅などまで迎えにいく

この場合は、行き違いにならないように、事前に先方と待ち合わせの時間と場所の詳細を決めておきます。先方も承諾してのことなので、特に大きな問題は起きませんが、きちんと会えるように、その場所と時間を決めておくことが大切です。万が一の時のことを考えて、互いに携帯電話番号を伝えておきます。また、お店に向かうまで、スムーズにご案内できるよう、事前に道順などを確認しておきましょう。

2 お店（お店の入っている建物）の前で待つ

お店の前で待つことは、大変丁寧な印象を受けます。また、地方や海外からのお客様をお迎えする場合は、相手はとても安心するでしょう。正しい場所に向かっているのかどうか、不安だからです。

一方、お店の前で待っていられると、「大げさだ」「そこまでしなくても」と思われる場合もあります。なかには、「まさか、お店の前に立っているとは思っていなかった」と驚く人もいるでしょうし、息苦しさを感じる人もいます。

また、相手があなたよりも年下であったり、従来の立場が目下であったりすると、恐縮もします。

3 お店の入り口を入った中で待つ

前述同様に、丁寧な印象を受けます。また、一度、顔を合わせたのちに席につくため、席についた時に、打ち解けた雰囲気になりやすいでしょう。

一方、先方に会う前に、お化粧室に入って身だしなみなどを整えたい、などと思っているところに、出迎えられてしまうと、それを言えずに、会食に入ってしまうかもしれません。そうなると、相手優先のマナーからは外れてしまいます。

このような残念な事態を避けるためには、事前に「当日は、お店の受付前でお待ちしておりますがよろしいでしょうか」などの伺いをたてておくと良いでしょう。それに対し、先方が「いえ、結構です」と言えば、「恐れ入ります。それでは、お言葉に甘えて、お部屋でお待ちいたします」と先方の意向に従うのがマナーです。

4 個室（席）で待つ

洋室であれば、部屋に入ってすぐの場所に立って、お待ちします。出入り口前で待つのは、他のお客様やお店の方の迷惑になる可能性があるため、その状況と環境で臨機応変に判断と対応をします。

和室の場合も同様に、部屋に入ったところで、正座をしてお待ちします。

お店や個室へのご案内の仕方

お客様を出迎え、お店や個室まで誘導をすることもあります。ここでは、そのような時に備えて、ご案内のマナーをお伝えします。

●階段・エスカレーターのご案内と乗り方

原則はお客様が上、案内人は下に位置し、お客様を下から支えお守りするのが、階段やエスカレーターでのマナーです。

しかし、上り階段の場合は、お客様が先に歩いていくのは不安になることから、ビジネスのシーンでは、案内人が先導します。ここで注意することは、お客様は案内人よりも低い位置に位置することになるということです。

このときの案内人のマナーとして、お客様にひと言**「お先に失礼いたします」**と伝えることが型である所作以上に大切なマナー（配慮の心）となります。

下り階段の場合は、案内人が先におりていくので、位置的に案内人は下になるため、問題はありません。しかし、訪問者よりも先におりて進んでいくため、この時も先に行くことに対する断りのひと言である、**「お先に失礼いたします」**を伝えるのが大切なマナーとなります。

階段の場合は、お客様には手すりのある側を歩いていただくようにします。それを考慮し、案内人の立ち位置が決まります。

エスカレーターの場合、自動的に動くので、行き先に不安なく昇っていけますから、お客様には上に位置していただき、案内人は後ろから守りの位置につきます。

とはいえ、お客様によっては、後ろからついてこられるのを気持ちよく思わない方もいらっしゃいます。またビジネスシーンはあくまでもご案内、すなわち誘導するというスタンスにおいて、案内人が先に上がったほうがいいと思う人もいるでしょう。

これも、絶対的な決まりや正解があるわけではありません。
お客様が先に乗った場合と後の場合とで、考えられることは次のとおりです。

上りエスカレーターにお客様が先に乗った場合

プラス面

お客様が上に位置するので○
万が一、お客様が足を踏み外した時に、後ろから支えることができるので○
（もちろん、その程度にもよる）

マイナス面

話をする時に、お客様が後ろを向かなければいけないので×
案内人が先に乗り、お客様が何らかの理由で乗ることができなかった場合、お客様を置き去りにしてしまうので×

下りエスカレーターの場合は、案内人が先に「お先に失礼いたします」と言って乗りますが、この時にも、お客様が何らかの理由で乗ることができなかった場合、お客様を置き去りにしてしまうことになります。

どちらがいいのかは難しい面もありますが、一般的に、降りる際は、案内人が先となります。

エスカレーターも当然のことながら、お客様が手すりに手をかけることのできる位置に立っていただくよう誘導します。

エレベーターのご案内と乗り方

あなたがお客様をご案内する時や、目上の方とエレベーターに乗る時にも、ご案内の仕方があります。

乗る前は、誰よりも早く、エレベーターの上下いずれかのボタンを押します。上司やお客様などに先に押されてしまうようでは気が利かない人、役立たずな人、というレッテルを貼られる可能性大です。

しかし、もしも、そうなってしまったら、「恐れ入ります」と必ずこのひと言を発し、お辞儀をしてください。このひと言と動作があれば、「エレベーターマナーの知識を知らなくてできない、しなかったわけではないのか……」と相手は思ってくれ、少しは挽回できます。

中に入る時は、中に誰もいなければ、案内人が先に入ります。中に入ったら、操作盤の前に立ち、片手で『開』ボタンを押し、もう一方の手でドアを押さえ、お客様に入っていただきます。一方、すでに人が乗っている時は、お客様に先に入っていただきます。**役立たずと思われないためにも〝先手〟の行動を!**

エレベーターの降り方

目的の階についたら、操作盤の前に立っていれば、片手で『開』ボタンを押し、もう一方の手でドアを押さえ、お客様に先に出ていただきます。この時、「お出になって右方向でございます」など、エレベーターを降りてどちらに進むのか伝えて差し上げると、お客様は迷わないので、親切です。

満員のエレベーターなどで、自分がドア付近に乗っている場合は、「お先に失礼します」と言って軽く会釈をし、先に出ても構いません。混雑している狭い空間の中で、「お先にどうぞ」「いや、どうぞ」などの譲り合いはかえって周囲の人の迷惑になります。本来は、お客様を優先すべきことも、時と場合、その場の状況によって型は変わっても良いのです。**目下の人が先におりても良い時もあるということです。**

個室へお通しする場合

●ノックは3回と心得る

ノックは、「今から入りますが、よろしいでしょうか」という伺いの合図です。万が一、誰かがその部屋を使用していたら、合図なしで突然入ってこられるのは、決して気持ちのよいものではありません。このように、相手のことを考えて、ドアがある部屋に入る時は、必ずノックをして確認します。

日本はもともと、部屋は障子や襖で仕切られていたため、ノックをする習慣はありませんでした。ノックの習慣は西洋からきたもので、西洋では2回ノックはトイレノックとしています。したがって、トイレ以外の部屋へ入るときのノックは3回以上となっています。しかし日本では、ビジネスシーンに何度もノックをされるとうるさいなどの理由から、トイレ以外の部屋に入るときのノックは『3回ノック』としています。ところが最近、3回のノックは家族や親しい間柄で行なうノックで、それ以外の人の場合は、4回という説があるようです。海外ではトイレ以外の部屋に入るときには、3回以上となっていますので、3回以上であれば特に問題はありません。

ドアを開けて入室する際については第4章（P209）を参照してください。

接待を受ける側は仕事をいただく立場でも上座に座る

「こちらがお仕事をいただく立場なので」という理由から、接待を受ける側が、下座に座ろうとすることがあります。この姿勢は大変謙虚な気持ちの表れとして評価できます。

しかし、接待する側から見ると、たとえ、仕事を依頼する立場であっても、接待する以上は上座にお座りいただくよう、席を明確に示してあげましょう。席次については5章でも説明します。

改めて知っておきたい、ご挨拶·紹介·名刺交換

●印象を最大限よくする挨拶の心構え

いよいよ、先方様との対面です。

すでに会ったことのある相手であっても、初対面であっても、まずは挨拶からスタートです。

挨拶も第一印象としてチェックされる重要なポイントです。大切なことは、表情と言葉と態度です。お目にかかれて嬉しい、有り難い、光栄だ、という気持ちを表情で表現し、続いて挨拶言葉を発し、お辞儀という態度、行動を示します。

中でももっとも大切なのは、表情です。この表情が第一印象を左右する最大の要素です。第一印象で高得点をとっていれば、あとが楽になります。たとえば、普段より、

いっそう深くお辞儀をしたり、「ようこそ、お越しくださいました。ありがとうございます」などと、日常のビジネスシーンでは業界的にあまり使わないような挨拶言葉を発することで、相手は通常とは離れた特別な時間になることにワクワク感をいだき、ハイテンションでスタートする接待になります。

挨拶の基本形「3つのこ」

1 相手の目を見る
2 伝えたい挨拶の言葉を添える
3 お辞儀をする

という3つのステップでおこないます。これを私は、「3つのこ」と言っています。目は、その人の心のうちを表すといわれています。よって、相手の目を見る時は、自分の心（こころ）を目で表現。つぎに、言葉（ことば）を伝え、最後に行動（こうどう）でも伝える、この3つが一体となってはじめて「挨拶」といえます。

ぜひ、この3つのこを意識して、自分から心をひらいた先手の挨拶をおこなってください。これが、成功と幸せを築く第一歩です。

お辞儀の種類と仕方

海外では挨拶をする時に、握手をしたりハグをしたりします。相手との関係性にもよりますが、一般的には、握手が多いでしょう。その際には、心をひらいた表情でアイコンタクトをし、握手します。この時、しっかりと相手の手を握ることが大事です。この時の力で、気持ちを推し量っていきます。動作・所作の型は、相手に対する気持ち、心の表れです。

日本では挨拶をする時に、お辞儀という動作をおこないます。

お辞儀は、上体を前傾させるもので、相手に対し、頭、顔を深く低くします。これは、相手を敬う日本人の謙虚な気持ちが見事に表現されている動作として、海外でも評価をされています。

日本のお辞儀の種類には、**立ってお辞儀をする「立礼」**と、**正座をしてお辞儀をする「座礼」**の2種類があります。さらに、前傾させる角度の違いによっても、それぞれにその種類があり、また、流派などによって名称の言い方にも違いがあります。

お辞儀の仕方

立礼　男性

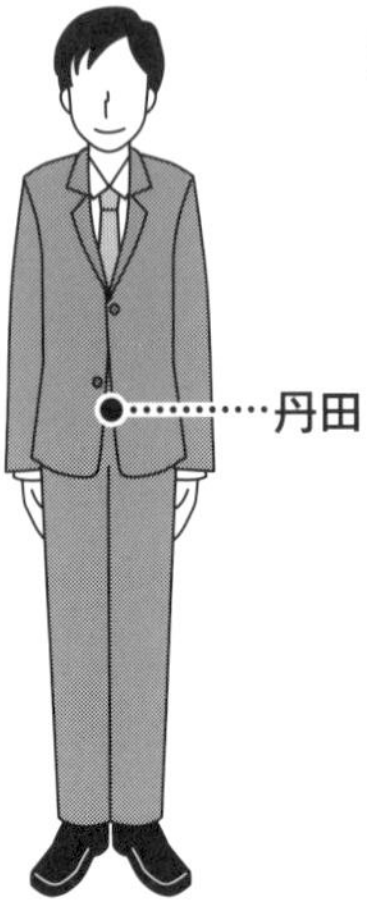

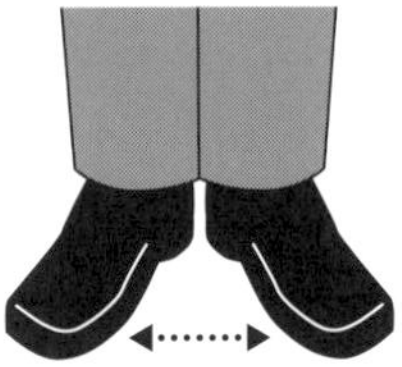

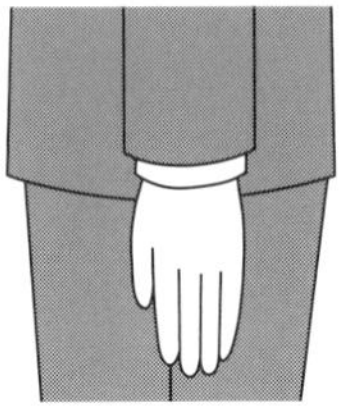

1

つま先は握りこぶし1～1.5個分ほど開く。指を綺麗にそろえて、人差し指をズボンの脇線に沿わせる。中指を沿わせるより、指1本分、胸がはり、堂々と男前になる。

前で手を重ねる場合 右手をグーにして握り、左手を右手に重ね覆う。これを、男手という。

2

頭のてっぺんから腰まで一直線になるよう腰に意識をもち、丹田に力を入れる。

4

その後、前傾する時よりもゆっくりと上体を元に戻す。

5

最後にきちんと相手の目を見る。

3

相手の目を見て挨拶言葉を発し、上体を前傾させる（注　頭のてっぺんから腰はまっすぐ一直線に）。相手に対する気持ち分、上体をすばやく前傾させ、ひと呼吸の“間”をおく。手は上体を前傾させると同時に自然と膝に向かう。

立礼　女性

1

つま先とかかとを綺麗につける。指を綺麗にそろえて、脇をつけ、自然とまっすぐ下におろす（太もも横）。

女性が手を前で重ねる場合 左右どちらを上にしてもよい。

[右を上にする場合]　女手

[左を上にする場合]　男手

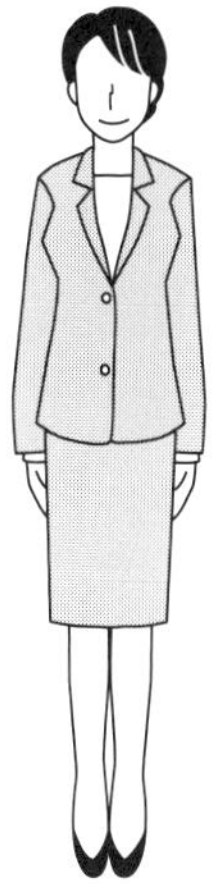

2

頭のてっぺんから腰まで一直線になるように立つ。

3

相手の目を見て挨拶言葉を発し、上体を前傾させる（注　頭のてっぺんから腰はまっすぐ一直線に）。相手に対する気持ち分、上体をすばやく前傾させ、ひと呼吸の『間』をおく。このとき、手は前で重ねる。

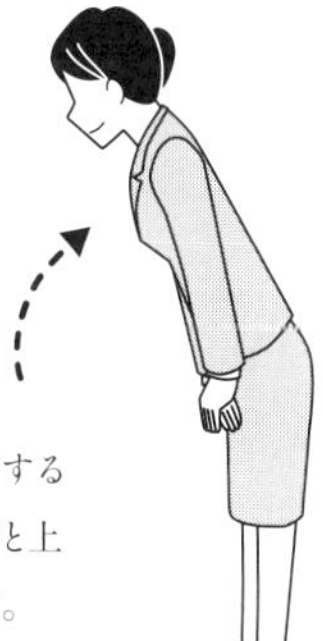

4

その後、前傾する時よりもゆっくりと上体を元に戻す。

5

最後にきちんと相手の目を見る。

座礼

座礼は、すべて正座の姿勢から始まります。
※流派によって諸説あります。ここでは一例をお伝えします

浅礼
(草の礼)

接待時での浅礼は、主に座敷に出入りする時や、座布団の上に座る時、下りる時におこないます。浅礼は、男性と女性で、手の位置が異なります。

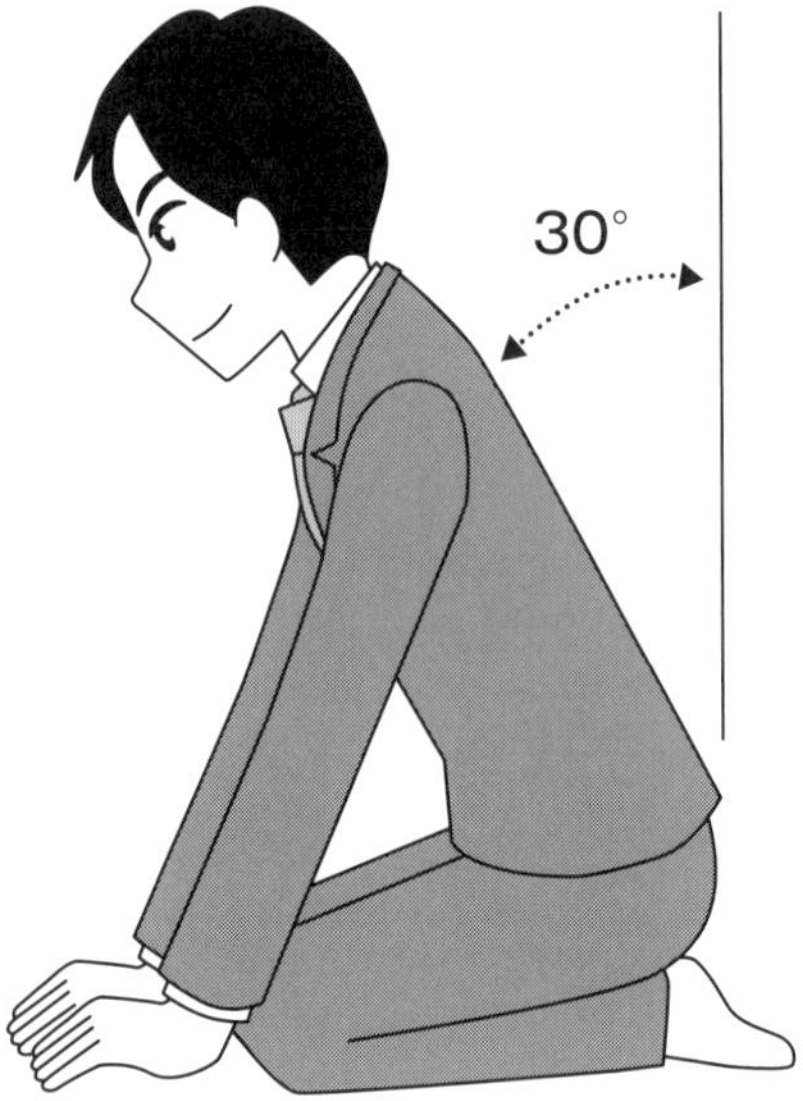

正座から上体を30度屈体する

頭のてっぺんから腰を一直線にまっすぐに、腰から前傾させる。太ももに置いた手は、屈体するにしたがい、膝の前に自然にすべらす。上体を前傾させるとともに、そのまままっすぐに視線をおろす。

女性 膝頭のところで両手をそろえ、指先を床につける。

男性 両手を離したまま、両膝の前に、相互に平行となるようにつく。そのほかの点は、女性と同様。

※浅礼は、全体を4秒間でおこなうといわれています。
最初の1秒で、30度屈体し、次の1秒間は、屈体したまま静止。最後の2秒で上体を元に戻し、正座の姿勢に戻します。したがって、戻す時の動作のほうがゆっくりとなります。

普通礼（行の礼）

座布団に座る前や下りた後に、
相手に対してあらたまって挨拶をする時におこないます。

1

頭のてっぺんから腰を一直線にまっすぐに伸ばしたまま、腰から前傾。頭だけ低くしたり、顎を上げすぎないように要注意。

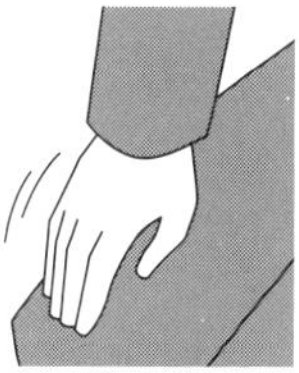

2

屈体と同時に、太ももに置いた手は、自然に膝の前にすべらす。右手を左手よりわずかに先行させる。

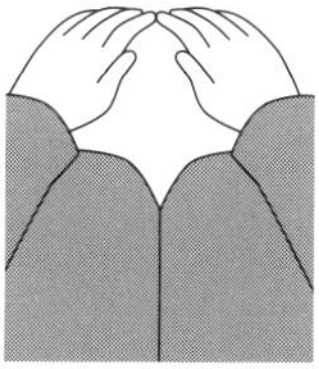

3

手の指をそろえ、両手の人差し指をつけ、正三角形の二辺を形作る。手のひらはすべてを床につけず、手の甲に少し丸みをもたせる。

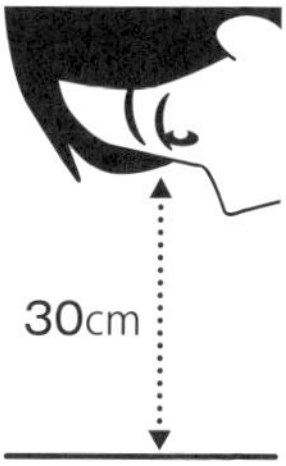

4

眉間顔面が床から30センチくらいのところで静止。眉間顔面は、床と平行に保つ。

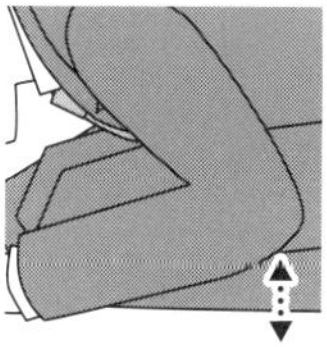

5

脇を締めて肘を張らないように気をつける。肘は床から少し離れる。

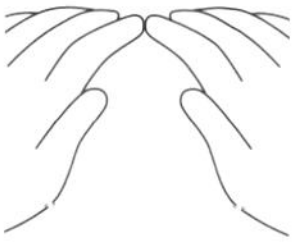

6

視線は、両手人差し指の指先に置く。

7

ゆっくりと上体を起こしていく。手は、上体の動きとともに、自然に太ももの上をすべらす。

※元の正座に戻った時に、相手の目を見ないのが日本の元々の礼。
普通礼は、全体を9秒半でおこなうといわれています。2秒半で屈体させ、3秒間静止し、4秒かけて上体を起こしていく

最敬礼（真の礼）

最敬礼はもっともかしこまった座礼であり、
もっとも深く頭を下げます。
最敬礼は、全体を10秒で行なうといわれています。

1
正座から上体を屈体させる。息は、上体を倒しながら吸う。頭のてっぺんから腰を一直線にまっすぐに伸ばしたまま、腰から前傾する。頭だけ低くしたり、顎を上げすぎないように。

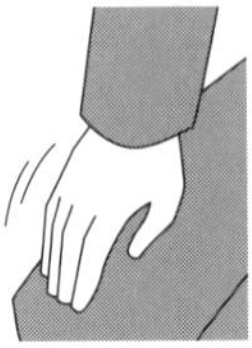

2
太ももに置いた手は、屈体するにしたがって自然に膝の前にすべらす。この時、右手を左手よりわずかに先行させる。屈体し終わる直前で息を吐き始める。

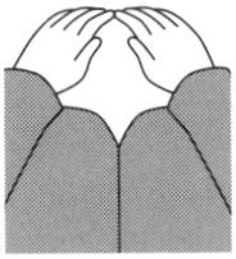

3
手の指をそろえ、両手の人差し指をつけ、正三角形の二辺を形作る。手のひらはすべてを床につけずに、手の甲に少し丸みをもたせる。

4
手は、上体を屈体しきった時に、鼻が両手人差し指の間にちょうどはまるような位置に。このとき、胸は自然と両太ももにつく。

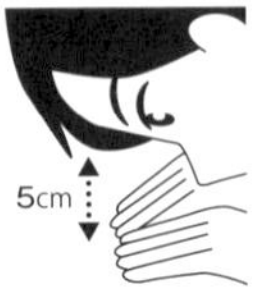

5
眉間顔面が床と水平になるように、床から5センチくらいのところで静止。

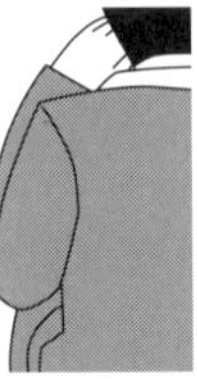

6
屈体しきった時、腕は手のひらから肘までが床につくようにする。両脇を締めて両肘が横に張らないように気をつける。両腕の内側を両膝に外側につける。

7
屈体しきった時、最初の2秒間で息を吐き終える。その後、2秒間息をとめて静止。その後、4秒かけて息を吸いながらゆっくりと上体を起こしていく。

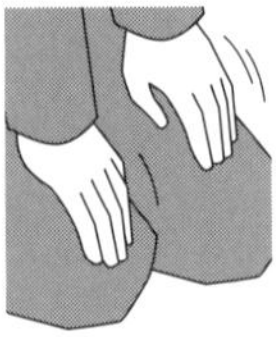

8
手は、上体の動きとともに、自然に太ももの上をすべらす。この時、わずかに左手を先行させる。

9
元の正座に戻った時に、相手の目を見ないのが日本の元々の礼である。

最敬礼は、全体を10秒間でおこなう。

1. 最初の2秒で上体を前に屈体させる。
2. 次の4秒間で静止。
3. 4秒かけて上体を起こし、正座の姿勢に戻る。

接待時はふだんより一段階深いお辞儀を

立礼は、目だけをふせる目礼（0度）、主にすれちがう時や部屋で出入りする時におこなう上体を軽く前傾させる会釈（15度）、一般的な挨拶時によく使う敬礼〈普通礼ともいう〉（30度）、お礼やお詫びなど丁寧にお辞儀をする場合の最敬礼（45度から60度）があります。さらに、上体を前に90度傾ける拝（90度）があります。拝は、神社祭式の本にその所作が紹介されています。

接待では、いつもより、一段階上の深いお辞儀をすると心得ておきましょう。ただし、目礼と会釈は、周囲の人への配慮から浅くお辞儀をするので、これは通常通りで構いません。

お辞儀の角度は、相手への敬意の表れです。接待時に、相手や上司よりも浅いお辞儀であったり、相手や上司がまだ頭を上げていないのに、先に上体を起こしている人がいます。これでは、接待をする立場として、接待失格の烙印を押されてしまいます。常に、相手よりも深く、長くお辞儀をすると心得ておいてください。

全員が揃ったら…紹介の順序

接待時には、同行者を紹介することもあるでしょう。

紹介をする時にも、その順序があります。基本的には、先に目上の人に対して、目下となる人を紹介します。

例えば、あなたが、取引先の社長と上司を引き合わせる場合は、取引先の社長に対して、自社の上司を紹介した後に、自社の上司に対し、取引先の社長を紹介する、という順番になります。これも間違えると大変失礼です。

特に、紹介は接待のスタート段階でおこなうことです。身だしなみなどの外見の第一印象で合格点をとっても、次の段階の知識教養などの内面の印象で化けの皮がはがれることのないように、紹介の順序もしっかりとマスターしておきましょう。

1 取引先社長に上司を紹介「社長、こちらは、上司の佐藤です」

2 **上司に取引先社長を紹介**「佐藤さん、こちらがお世話になっている○○商事の社長の小島様です」

接待相手が初対面の場合

接待はたいてい面識がある方との会食が多いと思いますが、なかには接待時にはじめてお会いする、という方もいらっしゃるでしょう。

接待時にはじめて会う相手とは、名刺交換をします。名刺交換は、接待に誘った側から先に名刺交換をさせていただいても良いかの伺いをたてます。

名刺交換は、周囲の人の邪魔にならないよう、出迎えたお店の出入り口などではおこなわないように気をつけます。

また、出迎えが外の際は、周囲の状況を確認し、名刺交換をしても良さそうな場合はおこなっても良いでしょう。たとえば、ホテルのロビーでの待ち合わせなどです。

どんなに初対面だとしても、混雑している場所や、強風や雨などの屋外では控えます。その場合、「名刺交換は、後ほどでよろしいでしょうか」とひと言お伺いを立てるのが、相手に誤解されずに済むマナーあるコミュニケーションとなります。

名刺は、その人の分身です

名刺はその人の分身です。**特に日本では、名刺を大変丁重に取り扱う風潮にあります。**まず、名刺は必ず名刺入れにしまって携帯します。名刺を財布や定期券入れ、手帳に挟んだり、そのままポケットに入れて持ち歩いたりしないようにしてください。ただし、**海外の人は、名刺に対してさほど重きをおいていません**ので、ポケットの中からしわくちゃの名刺が出てくることもあります。それはそれとして、相手を尊重すれば良いだけです。ここでは、日本人が古来より大切にしている物に対しても思いやりをもつ心を、この名刺の取り扱いでもおこなうことです。

名刺入れは2つ以上携帯

名刺入れは、革製か布製のもので、中が2段になっているものを持ちます。上の段にはいただいた他人の名刺を、下の段には自分の名刺を入れておきます。常に、相手の分身である名刺が上、という考え方から成っています。

メタル製などのカードケースはデザイン性もあり、おしゃれです。しかし、落とした際に音がすることや、床に傷をつける恐れがあること、また、中が2段になっているものが少ないという理由から、ビジネスシーンではお薦めしません。すでに持っている場合は、セカンドの名刺入れとして持つことをお薦めします。

セカンド名刺入れは、大変役立つ存在です。メインの名刺入れを忘れた時や、名刺を切らした時に、サッとセカンド名刺入れから出せれば、スマートです。「後日、お送りします」などの手間も省けます。

さらに、2人の方と名刺交換をした際に、お2人ともの名刺を、名刺入れの上に置いて商談することも可能となります。

私は常に最低でも3つの名刺入れを持ち歩き、いただいた名刺をなるべくテーブルの上に直置きして商談をしないよう、可能な限りの範囲で配慮しています。

接待の場合は食事をするため、いただいた名刺は名刺入れにしまって、テーブルの上には置きません。

しまい方は、次のとおりです。

1 いただいた名刺は、役職が一番上の人の名刺を一番上に位置させ、自分の名刺入れの上に置く

2 「ありがたく頂戴いたします」と言って、額の前で押しいただく

3 丁寧に名刺入れの上の段にしまう

4 再度、名刺入れを押しいただき、ジャケットの内ポケットやカバンにしまう

名刺の渡し方・受け取り方

名刺交換は、「渡すだけ」「受け取るだけ」「同時に交換」の3種類があります。とはいえ、接待で初対面の場合は、互いに交換をする同時交換がほとんどでしょう。

以前会ったことがある人でも、部署や役職、住所変更などがあった場合は、新しい名刺をお渡しします。先方も同様にこのような場合もあり得ます。先方が名刺を出してきたら、受け取るだけの所作となります。

1 渡すだけの場合

渡すだけの時は、次の流れでお渡しします。

①立ち上がって相手の正面に立ち、名刺入れから名刺を取り出す。

②相手の顔を見ながら、社名と名前を名乗り、相手から見て名前が読める向きにして、両手で差し出します。

名乗り方 「わたくし、□□会社の▽▽と申します。どうぞよろしくお願いいたします(申し上げます)」

相手が複数の場合は、役職や職階の高い人(上位者)から順に渡します。あなたが上司や先輩に同行している場合は、上司や先輩が交換をした後に交換をします。

2 受け取るだけの場合

受け取るだけの場合は、「頂戴いたします」と言って、両手を胸の高さに位置し、両手で受け取ります。この時、瞬時に相手の会社名と名前を確認します。そして「○

○社の△△様でいらっしゃいますね」と復唱、確認をしてもよいでしょう。
相手が複数の場合は、役職や職階の高い人（上位者）の名刺から順番に受け取ります。

3 同時交換の場合

接待をする側（接待でない場合は、訪問者）から先に名乗ります。

①名刺入れを左手に持ち、名刺は右手で扱います。同時に交換するので、左利きの人も可能であれば、右手で取り扱うとスムーズに交換ができます。
②最初は自分向きに名刺入れの上に名刺を置きます。
③社名と名前を名乗ります。
④名乗った後に、名刺の左上を持ち、時計回りに180度回転させ、相手から見て読めるようにします。
⑤続いて、相手も同様に名乗り、名刺の向きを回転させます。
⑥互いに相手の名刺入れの上に自分の名刺を置きます。

注意

交換時に、相手の名刺よりも下に位置にすることで、謙虚さを表せます。接待をする側は、必ず下から差し出す謙虚な姿勢で交換してください。

すでに上司や先輩などの名刺が、相手の名刺入れの上にある場合、自分の名刺は一番下に入れます。上司や先輩などの名刺の上に自分の名刺を置かないよう、気をつけましょう。

相手の名刺を褒める

いただいた名刺を見て、感想を伝えて差し上げると相手は喜びます。

例えば、

（顔写真入りの名刺で）**「お写真付きなので絶対に○○様のお顔は忘れませんね。ありがとうございます」**

（自分の顔のイラスト入り）**「こちらのイラストは○○さんにそっくりですね」**

（サービス内容を裏などに記載してある名刺で）**「このような事業展開をなさっているのですね。名刺の裏に書いているとわかりやすいですね」**

という感じです。

こだわりをもって工夫している名刺に気づいてもらえると相手は嬉しく感じ、第一印象であなたに対して好印象を抱き、心をひらきます。

接待をする側であれば、相手が喜ぶポイントを瞬時に見つけ、それを素直に伝えることのできるよう、あなた自身の心の扉をひらき、相手の良い点をどんどん見つけて伝えましょう。

乗り物を利用するときの注意点

1 タクシーやハイヤーなど車の利用

タクシーへご案内する場合、その場でタクシーを拾う場合には、お客様には安全な場所でお待ちいただき、あなたは、タクシーの運転手が気づくよう、大きく手を上げ、止めます。

日本のタクシーは、自動的にドアが開きますが、海外では自動ではないため、あなたがドアを開け、お客様に先に乗っていただきます。お客様の頭が車体にぶつからないよう、ドアが開いた車体を手でガードしてお乗りいただきます。

タクシーの席次は、一般的に、後部座席が上座で、助手席が下座です。さらに後部座席の中でも、運転手の後ろがもっとも上座となり、続いて、助手席の後ろ、三番目はその真ん中となります。**基本的に、接待をする側の若手が助手席に乗り、行き先を伝えたり支払いをしたりします。**

ちなみに、接待ゴルフなどで自家用車などを**社内の上司が運転する場合は、**助手席が上座。続いて後部座席の運転手の後ろ、助手席の後ろ、後部座席の真ん中が下座です。

2 飛行機・新幹線・電車

接待する相手様と乗り物に乗る時に注意すべきマナーもあります。

チケットを事前に手配できる場合は、接待する側が手配をし、お客様にお渡しします。状況に応じて、事前にお送りする場合もあります。

飛行機や新幹線など、座席指定をする場合は、先方の好みの席を事前に伺い、その席を指定しましょう。

一般的な席次

飛行機

左右、窓のある列の場合

中央　窓のない列の場合

2席の場合　3席の場合　通路側が上座

※ここで紹介しているのはあくまでも一般的にいわれていることであり、
窓のある座席であっても、通路側を好む方もいらっしゃいます。
大切なことは、お客様が好む座席が上座となるということを心得ておきましょう。

新幹線などの列車

2名掛けで向かい合わせに座る場合

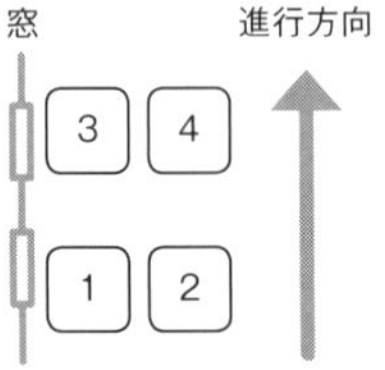

進行方向に向かう側が上座
窓側が上座　通路側が下座

3名掛けで向かい合わせに座る場合

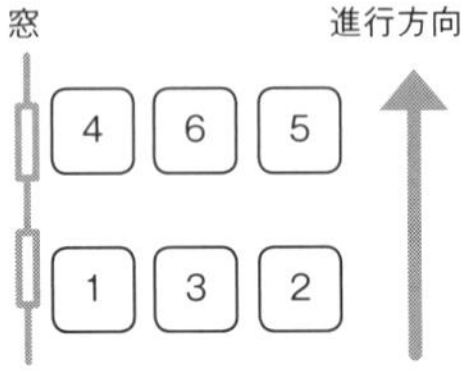

進行方向に向かう側が上座
窓側が上座　通路側が二番目
真ん中が下座

※ただし、通路側を好む方もいらっしゃいますので、上位の人には、
必ず事前に窓側か通路側かのご希望を確認することが大切です。
さらに、窓側の場合は、陽射しが当たらない側や富士山などの良い景色が
見られる側なども事前にチェックしておく配慮までできると上級です。

第4章

一生ものの品格が身につく接待での「食事の作法」

ここまで、様々な準備をおこない、お出迎えも完璧にこなせたあなた。しかし、お店での立居振る舞いや食べ方のマナーができていないと、完璧な接待にはなりません。

普段の生活では気にしない食べ方も、接待となれば、そのマナーを身につけておこうという理由から、弊マナーグループにも、企業からのテーブルマナー研修の依頼や、個人の方が多く学びにいらっしゃいます。いつも私がお伝えすることは、接待時の食事のマナーで大切なことは、接待相手は元より、料理人やお店の意向にそって、みんなで美味しく楽しく心地よくその場を共にし、食べ、時間を共有することです。

人は、食べ方をみれば素性がわかる、ともいわれるほどに、食事のマナーはあなたが思っている以上に評価の対象となります。

ここでは、接待によく利用されると思われる、和食・洋食・中国料理を中心に、それぞれのお店での立居振る舞い方や席次から、食べ方のマナー、さらにはお酒のマナーまで、あなたが恥をかかない成功する食事のマナーをご紹介いたします。

和食編

ユネスコ無形文化遺産にも登録されている和食。料亭では、靴を脱ぎリフックスした状態で、お座敷に座って料理をいただきます。胸襟《きょうきん》を開いた話し合いがしやすく、相手との心理的距離が縮まるため、接待の場としてよく使われます。

特に、海外からのお客様や取引先を接待する場合は、日本文化に精通していることも、ビジネスパーソンとして必要な知識のひとつです。海外の方に和食の食べ方をレクチャーしながらの接待は、新たな知識が増えたと喜ばれます。現に私もこれらをお伝えすると大変喜んでいただけ、話が途切れることがありません。沈黙になりそうになると、先方から「これはどう食べればいいのですか?」とか「このお皿の形が珍しい」という話になります。珍しい形のお皿とは、扇型のお皿などのことです。扇型は末広がりの意味をもち、縁起が良い型であることなどを伝えます。

逆に、私が海外でその国の料理でもてなされる時に、食べ方などを教えてもらえると、有り難く、得をしたプラスの気持ちになれると同時に、教えてくださった方に、豊富な知識をお持ちですごいなあという印象ももちます。

ここでは、接待時にも役立つ和室での立居振る舞い方や、お箸の扱い方などの、正しい所作と成功する接待の和食マナーについてお話しします。

知らないと恥！　特に気をつけたい接待時の和食7大マナー

1 敷居や縁は踏まない

和室では、敷居や縁を踏まないように気をつけます。敷居は、その建物の骨組みと深く関係するため、それを踏むことが建物全体に影響するといわれています。

また、昔、縁には殿様の紋章や家紋があしらわれていたといわれています。このような理由から、それを踏む行為は無礼とされ、踏まないのが礼儀です。

2 和室では床の間を見る

和室に通されたら、床の間に飾ってある掛け軸や生け花を鑑賞します。

あなたが、接待をする側であれば、早目に到着し、部屋の確認をすると思います。

その時に、お店の人に「素晴らしい掛け軸ですね」「素敵な生け花ですね」等のひと言で、接待の段取り以外でのコミュニケーションをとりましょう。

お店の人は、礼をわきまえた素敵なビジネスパーソンとして、あなたを評価し、接待が成功するよう、いっそう協力してくれることでしょう。

3 装飾品は結婚指輪のみ

高級な漆器類などに傷をつける恐れのある装飾品は、外しておきます。ネックレスも、長いネックレスだと、器にさわる可能性があります。また、ピアス以外のイヤリングは、落ちる可能性がありますので、食事中は外しておくほうが無難です。

4 姿勢を正しく、両手で

和食を食べる際は、姿勢を正し、両手を使います。お箸を取り上げる時も、下げる時もです。また、持てる器は持ちます。持てない場合は、小皿やお椀のふた、懐紙などを持ち、両手を使います。

5 食べるスピードは相手に合わせる

会席料理などで、食べきれない場合や、他の人より食べるスピードが遅く、目の前に残して置いておく料理は1皿までです。他の人に気を遣わせる可能性もありますので、食べきれなかったお皿は下げてもらい、他の人と足並みを揃えましょう。

特に、あなたが接待をする側であれば、接待相手のペースに合わせます。もし、接待相手の食べるペースが遅く、料理が次々にくるようであれば、接待相手に恥ずかしい思いをさせないよう、しっかりと目配りとその配慮を忘れないでください。

6 空いた皿は重ねない

テーブルの上を片付けようと空いたお皿を重ねたい気持ちになりますが、お皿に傷がつく可能性があるので、重ねないのがマナーです。基本的に、和食は、出てきたときと同じ形にして終える、と言われていますので、そのとおりにしておくのがマナーを心得たスマートな人となります。

7 ゆっくり噛んで素材そのものの味を楽しむ

一口大の大きさにして、素材そのものの味をじっくりと味わいながら食べるのも、和食の楽しみ方のひとつです。そのためにも、淡白な素材から食べるというその順番にもこだわります。また、お出汁《だし》の味も堪能しましょう。

和室での立居振る舞い

座敷への上がり方

接待で料亭などの和食のお店を予約する時は、ほとんどが個室です。和食のお店の個室は、畳の上に座布団があるお座敷しかないと思われがちですが、近年では、畳の上にテーブルと椅子を置いているスタイルの個室も多くなりました。

お茶室などもある、知る人ぞ知る、名古屋の高級老舗料亭や、京都の有名料亭も、最近の接待ではこのスタイルがほとんどだとおっしゃっていました。正座に慣れない外国人や足腰への負担を考えての配慮です。

とはいえ、中には純和風や掘りごたつを好まれる方もいらっしゃいます。ここでも大事なことは、先方の好みのお部屋のスタイルを事前に伺うこと。気をきかせて床の間もある畳のお部屋にテーブルと椅子をわざわざセットしてもらったところ、座布団に腰を下ろしたかったなど思われてしまっては、本末転倒です。

靴の脱ぎ方

お部屋**正面に向かって靴を脱ぎます**。日本では、家の方にお尻、背中を見せることを失礼と考えるため。この場合は、お店の座敷ですが、同様の考え方から正面を向いて上がります。

靴のなかは、新品の中敷きを敷いていれば、綺麗に見えます。

恐らく、お店の人が案内してくださっていると思いますので、脱いだ靴は、お店の人にお任せします。このとき、「恐れ入ります」や「ありがとうございます」のお礼を必ず伝えてください。このひと言で、お店の人も、いっそう、この接待が成功するように協力をしてくれるはずです。先手でお店の人にも礼を向けたら、それは、倍返しとなってあなたに還ってくることでしょう。

お店の人がいない場合は、上がったら、部屋に対して背中を向けないように斜めに片膝をつき、脱いだ靴をそろえて下駄箱のほうへかかとを向けておきます。下駄箱がなければ、次の人の迷惑にならない隅に寄せておきましょう。その後、お店の人が下駄箱の中などに入れて管理してくれます。

上司と同伴の場合は、先に上司に上がってもらいます。お店の人がいない場合は、上司の靴は、部下が隅に寄せます。

できる人の「白い靴下」

また、上がった場所（部屋に入る前）にて、靴下（ストッキング）の上から、白い靴下を履くのが、和室での正式な作法です。これは、和室に上がる場合は、畳を汚さないという配慮から、足袋代わりとなる正式な色の白い靴下を履いて上がるのが礼儀とされているからです。

接待の場合は、ここまでしなくても良いとは思いますが、女性はおこなったほうが良いかもしれません。特に、海外のお客様相手の場合にはお薦めします。

以前、ある日本企業の方々との接待にて、私をはじめ弊社側の参加者全員が白い靴下を履いていたところ、この理由説明から和室での立居振る舞いや日本文化、しきたりなどの話題に発展しました。すると、先方のトップの方が大変興味を示してくださり、社員たちにも聞かせたいということで、その翌週に、和の心、おもてなし礼法®の研修の依頼を受けました。3足1000円で購入した、1足333円の白い靴下が、1000倍に変身した接待でした。人や物を大切に思う思いやりの真心マナーを実践すれば、それは倍以上となって、会社やあなたに還ってくることでしょう。

ただし、先方に女性がいる場合には、行なわないほうが良いです。それを知らない先方の女性に恥をかかせることになりかねません。もし、接待相手が、白い靴下を履いていたら、それを絶賛して差し上げましょう。

襖、障子の開け方・閉め方

1 襖や障子の中央に跪坐《きざ》（流れによっては、正座）します。跪坐（つま先を立てて、かかとの上にお尻をおく）、または正座の姿勢から、引手に近いほうの手を引手にかけ、手が入るくらいの5センチ程度開けます。

2 続いて、その手を開いたふちに添え、手を胸の高さまでおろします。

3 襖を自分の前まで開けます。襖が自分の前にきたら、手を替え、さらに開けます。

閉める時も、同様の所作でおこないます。

※跪坐とは座ってつま立った姿勢のこと（ポイントは「かかとよりつま先が中に入る」「両足のかかととつま先をつける」「頭から腰を一直線にする」）。座った姿勢からすぐに動作をおこなうためにとる姿勢です。次への動作へとスムーズに向かうための準備姿勢の役割があります。

1

引手に近い手で
5センチほど開け

2

ふちに手をかけて
自分の前まで開ける

3

手を替えて、
さらに開ける

※流派によって様々な型があります。
ここではそのひとつをご紹介します。

座布団の無作法に要注意

座布団は人をもてなすためのものです。先方がいらっしゃるまで、座布団には座りません。先方がいらしたら、まずは畳の上で、挨拶をします。

接待相手も同様です。相手に「どうぞ、お座りくださいませ」と、座布団を勧めます。先方が座ったら、「失礼いたします」と、接待する側の上司、部下と続いて座ります。座る時や立つ時も無造作に踏んだり、座布団の上に立たないように気をつけましょう。基本的に和室では、立たないと心得ておきます。距離が短い移動は、にじります（「にじる」とは、座ったままの状態で、膝を使って少しずつ移動すること）。距離の長い移動は、立って歩いて良いとされています。歩く時は静かに、ホコリをたてないよう移動することを意識してください。

荷物は畳の上に置かない

個室にはたいてい、カバンなどの荷物を置く専用の場所がありますので、その場所

和室での「にじり方」

1
座布団の下座側で両手を軽く握り、座布団に手をのせて体の向きを変える。

2
両手に体重をかけ、膝をすべらせてにじりながら座布団に体をのせる。

3
座布団の中央に正座をする。

をお店の人に伺ったり、お任せします。置き場所がない場合は、大きなカバンや荷物などはクロークに預け、貴重品や手土産など必要最低限の物を持って入室しましょう。

また、カバンやバッグ、手土産などの荷物を畳の上に直接置かないのがマナーです。畳を傷めないように、という配慮からなる型ですね。

人以外の生き物や物に対しても思いやりの心、気持ちをもつ。この気持ちがあれば、畳を傷つけない歩き方や行動は自然にそうなることでしょう。そういう意味で、本来は専用の置き場所があるわけですが、そこに置かない場合は、**白い布（大判のハンカチや風呂敷など）を準備していき、それを敷いた上に置きます。**

この白い布は、念のため、人数の2倍分、用意していくと良いでしょう。万が一の時に、他の人にお貸しできます。枚数を2倍にする理由は、置いたカバンの上からかける分です。

いつでもどこでも先々に起こりうる可能性を想像し、その時に、どうすればマナーある対応ができるかを創造するための準備は大切です。

掘りごたつの場合は、自分の荷物は足元に置いても構いません。左の足元に置きます。

接待の際の手土産は、最後に渡すため、先方に気づかれないように置いておきます。相手様へお渡しする大切な贈り物ですので、上座側に置くのが鉄則です。お渡しする物は、上座から取ってお渡しする、と心得ておきましょう。もし、自分の座っているそばに置く場合、自分から見て、下座には自分のカバン（バッグ）を置き、上座側に手土産を置くのが正式な手荷物の置き方です。

今さらながらの「正座」の仕方

座り方

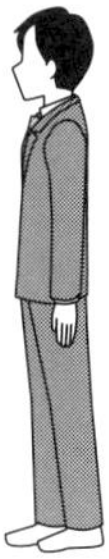

1

頭から腰をまっすぐにした状態で、片足を半足引く。

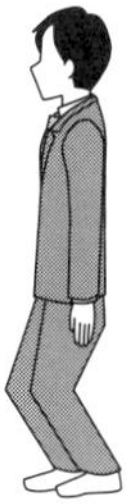

2

そのままの姿勢（頭から腰をまっすぐ）を保ちつつ、膝を曲げ、腰をおろす。

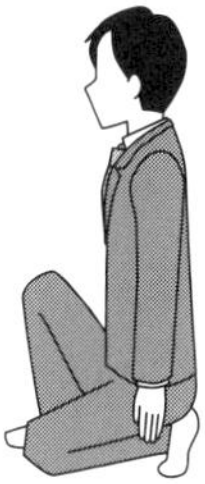

3

引いた足の膝を畳につける。つま先は立て、かかとにお尻をのせている状態にする。一方の膝は立てた状態。

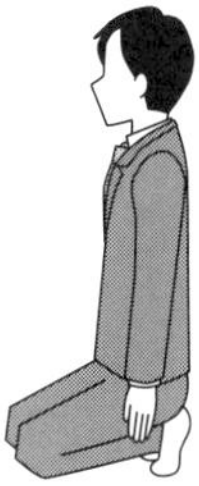

4

続いて、立てている膝も畳につけ、つま先を立て、両かかとにお尻をのせて、跪坐の姿勢をとる。

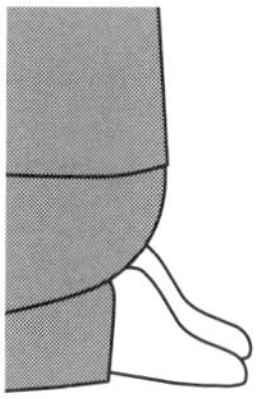

5

足の甲を畳につけると正座になる。このとき、左足の親指が右足の親指の上にくるようにする、と言う説もあり。

立ち方

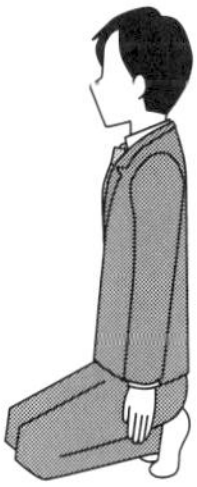

1

跪坐の姿勢になる。

2

片膝を立て、頭のてっぺんから腰をまっすぐにして、すっと立ち上がる。

※流派などによって片足を引かずにおこなうものもある。正座の仕方にも諸説あり、その型も様々です。ここではいちばんラクにスムーズにおこなえる方法をご紹介します。

先方がいらしたら…

出入り口にて、入室の邪魔にならない下座にて正座して待ちます。

お客様がいらしたら、正式には正座をしたまま、座礼をします（座礼・3章P130参照）。基本的に和室では、立礼はしません。そして、本日、お越しくださったことへの感謝の気持ちをこめて、感じのよい挨拶をします。

「○○社長、ご多忙のところ、ご足労くださり、誠にありがとうございます」

接待相手の席は、お店の方が上座へ誘導してくれると思いますが、もし、お店の人がいない場合は、接待する側が、「どうぞこちら、床の間の前のお席にお座りいただければと存じます」と言いながら、接待相手を上座へ誘導し、座布団の上に座っていただきます（和室での席次は、P162参照）。

和室での挨拶は、座布団に座る前に、畳の上で座礼をします（状況や相手との関係性などによって変わります）。

接待の場合は、先方には座布団の上にお座りいただき、招く側は、座布団に座る前に再度、「あらためまして、本日は、ご多用のなか、ご足労くださり、誠にありがとうございます」とか、「あらためまして、〇〇社長、本日はご多忙のなか、貴重なお時間を頂戴し、恐縮でございます。何卒よろしくお願い申し上げます」などの挨拶言葉を発した後に、座礼をします。

接待を受ける側は、「本日は、このような機会を作ってくださり、ありがとうございます」とお礼を伝えます。

接待をする側は、「どうぞ、足をお楽になさってくださいませ」と言って足を崩してもらいます。男性であれば、あぐらをかくことになります。女性は、横座りになります。掘りごたつであれば、そのまま、足を下に出していただきます。

なお、接待をおこなう側が座布団に座らないと、相手も恐縮して座らない場合があります。先方に気づかいをさせないために、挨拶を終えたら接待する側もすぐに座布団の上に座るようにしましょう。

●和室の席次

基本的に、出入り口に近い側が下座となります。和室では、基本的に、床の間の前が上座となります。しかし、和室には、様々な様式・造り方があり、席次のルールは、一概に当てはめられない場合もあります。

正しい席次を確認するには、そのお店の方に、事前に使用するお部屋の上座、下座を伺っておくと安心です。

和室の席次

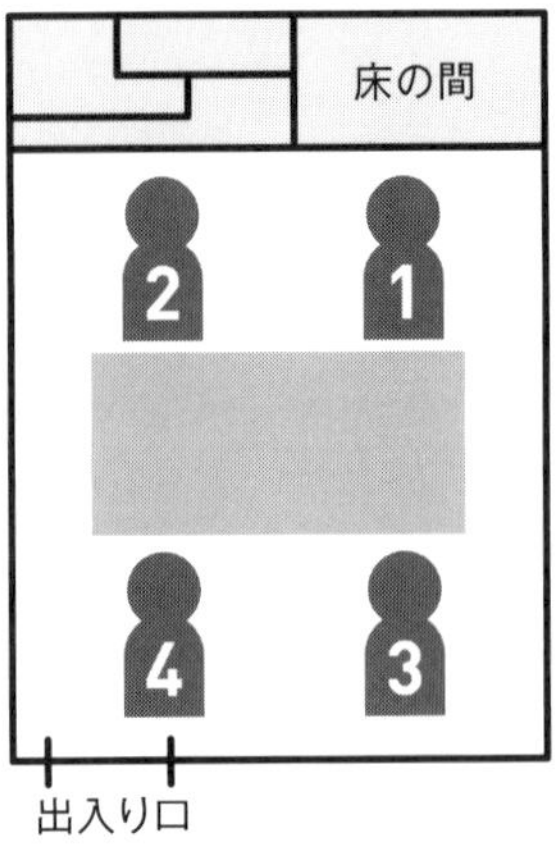

日本人でも知らない、日本食の食べ方

ひと言に日本食といっても、本膳料理、会席料理、懐石料理、精進料理、普茶料理など、伝統的な形式の料理があります。会席料理は、本膳料理を簡略化したもので、接待時の和食といえば、会席料理でもてなすことがほとんどです。

懐石とは、お茶会の流れの中で、お客様をもてなす形のひとつ。目的はお茶を楽しむことにあるため、侘びの精神から料理の量は少なめです。接待などの酒宴の料理である会席との大きな違いは、料理の一部が大きな器に人数分、盛られて出てくることです。

日本人なら知っておきたい、お箸のマナー

和食を食べる時に欠かせないのが、お箸です。お箸にも、様々な形状の種類があり

ます。代表的な3種類は、お正月や結婚式などの慶事に使用する祝い箸。お店やお弁当などに付いてくる割り箸。そして、自宅などで使用するお箸です。

祝い箸は、両端が細く、真ん中あたりを少し太くした丸箸で、両口箸とも呼ばれます。両方の先端を細くし、どちらを使用しても良い形状にしているのは、一方は神様が、もう一方は人が使用するとされているからです。これは、神人共食の考えから成っています。

祝い箸は、割り箸のように割らず、元々、1本ずつの祝い箸を2本使用します。お祝いの席で割り箸を使用すると、「仲が割れる」「仲を割る」とされ、避けているのです。よって、**接待の席でも、割り箸は使用しないほうが良いので、お店の人に事前にお箸のことも確認とお願いをしておくことが大事です**。

お箸も接待の成功につながるアイテムのひとつなのです。そこで、基本にかえって、正しいお箸の所作を確認しておきましょう。

箸の扱い方

※左利きの方は、説明の左右がすべて逆となります。次ページ写真参照。

箸の持ち上げ方

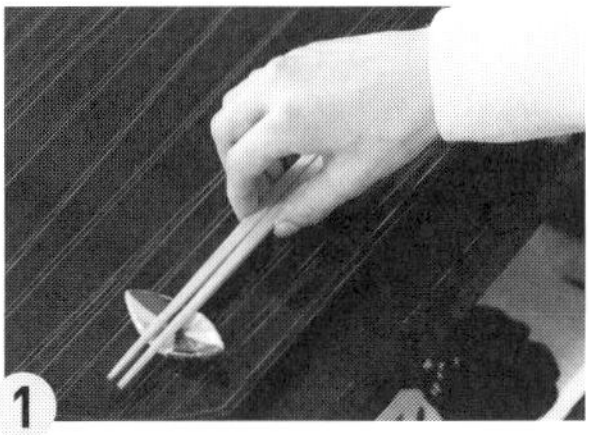

1

まず、右手（利き手）で、お箸の中央から少し右寄りのところを持ち上げる。

2

つぎに、左手の指先を揃えて下から箸の中央に添え、

3

右手は箸の上をゆっくり右へ滑らせる。

4

右手を上から下へと滑らせて、下からお箸を持つ。

箸のおろし方

1

お箸をおろす時は、お箸の中央辺りを下から左手で支え、

2

右手は、右端に滑らせ、上へと移動させ、上から持ち直して箸置きへと下ろす。

※箸置きに置く時は、箸の先約2センチほど箸置きよりも先に出して、口に触れた部分が箸置きに触れないように注意しましょう。

箸の正しい持ち方

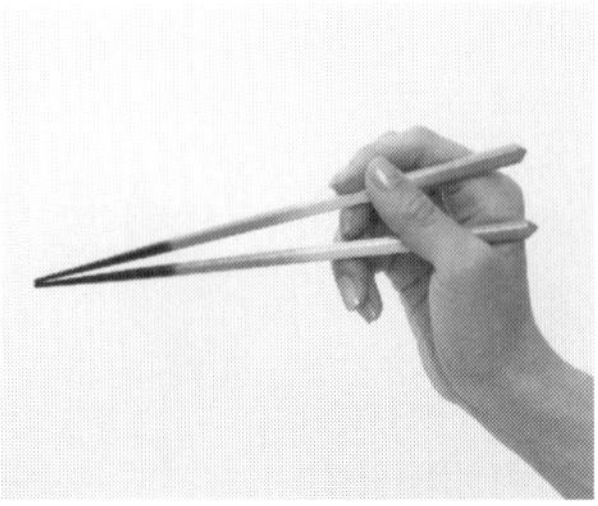

1 持つ

上の箸は親指、人差し指と中指の第一関節で軽く挟み、下の箸は親指のつけ根と薬指の第一関節辺りで支える。

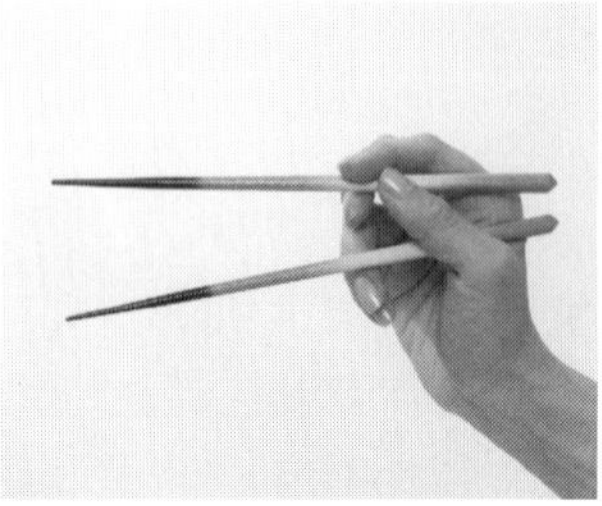

2 上の箸を動かす

お箸は、上の箸だけを動かす。料理を取る時は下の箸を動かさず、上の箸だけを動かして挟む。

椀を持つときの箸の扱い方

和食を食べる時には、お箸を持ったまま、お椀などを持ったり（持ち箸）、「おかわり」と茶碗を差し出したり（受け箸）しません。これは、一つひとつの物を大切に思う気持ちから、両手を使用して丁寧に取り扱う精神から成る所作です。よって、お椀とお箸を同時に片方の手で持ち上げるようなこともしません。

お椀を持つ時は、まず両手でお椀を丁寧に持ち上げます。次に、左手でお椀を持ったまま右手で箸の中央よりやや右側を上から持ち上げ、左手の中指と薬指にお箸の真ん中あたりを挟み支えます。右手を右端にすべらせ、そのまま下へと移動させ、下から箸を持ちます。

お椀を持つときの箸使い

1
椀を両手で持ち上げる。指はそろえること。

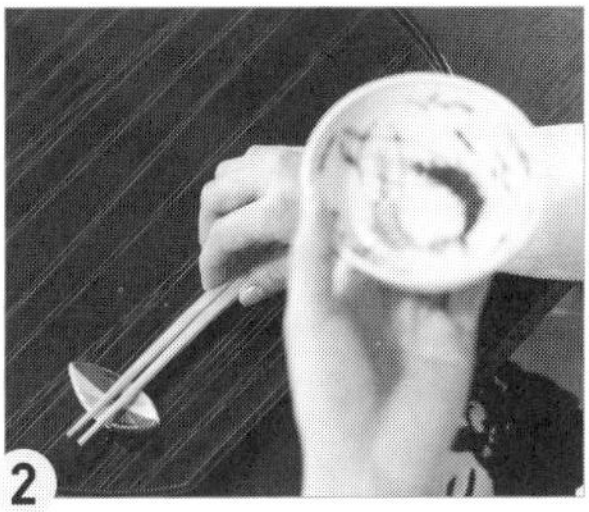

2
左手で椀を持ち、右手で箸の中央よりやや右側を持ち上げる。

3
箸を左手の方へ持っていき、中指と薬指で挟む。

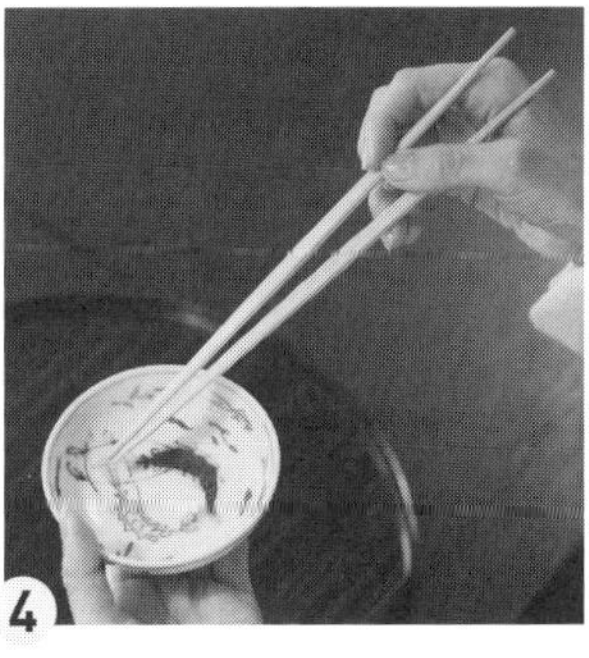

4
右手を右端まですべらせたら折り返し、下から箸を持つ。

お椀を置く時は、まず、お箸の真ん中からやや左あたりを、左手の中指と薬指に挟み支え、箸を持っている右手を右端にすべらせ、上から持ち直し、お箸を先に下ろします。続いて、丁寧に両手でお椀を持ち、椀を置きます。

ちなみに、茶碗やお椀、小鉢など手に収まる大きさの器は、手で持っていただくのが基本です。大鉢や盛り合わせの器は持ち上げず、左手を添えます。

箸置きについて

なお、正式な茶懐石料理では箸置きはありません。そうでなくとも、箸置きがない場合もあります。このような場合は、折敷《おしき》（細い板を折り返して縁にした盆）の左縁に箸先をかけて置きます。

また、箸の入っていた袋を利用して箸置きを作ることもありますが、絶対的なルールではありません。このあたりは、神経質になる必要はありませんが、接待相手が外国人であれば、一緒に箸置きを作ったりするのも、良いコミュニケーションになります。

箸のタブー

普段の生活で何気なくしていることも、接待という大事な場面においては、恥をかかないよう、正しい箸使いで、正当な美しさを醸し出しましょう。

持ち箸……… 箸を持った手で別の食器を持つこと。
受け箸……… 箸を持ったままおかわりをすること。
寄せ箸……… 箸でお皿や茶碗を引き寄せること。
渡し箸……… 箸を茶碗や器の上にのせて置くこと。
迷い箸……… 料理の上で箸をうろうろと動かすこと。
もぎ箸……… 箸に残った料理を口でもぎ取ること。
洗い箸……… 汁物などで箸を洗うこと。
移り箸……… 一度取った料理を器へ戻して、他の器の料理を取ること。
掻き箸……… 器に口をつけて、箸で掻き込むこと。
空箸……………料理に箸をつけておきながら、取らずに箸を置くこと。
くわえ箸…… 箸を口にくわえて両手を使うこと。
こじ箸………… 箸を使って料理の中を探ること。
込み箸……… 料理を箸で口の中に押し込むこと。
探り箸……… 箸を使って汁物の中を探ること。
刺し箸……… 箸を使って、人やものを指すこと。
せせり箸…… 箸で歯の間をほじくること。
そろえ箸…… 口や器を使って箸先を揃えること。
叩き箸………… 箸を使って器を叩くこと。
涙箸…………… 箸の先から汁を垂らすこと。
ねぶり箸…… 料理をとらずに箸を口へ運ぶこと。
振り箸……… 箸を持ったまま手を振り回すこと。
拝み箸……… 両手で箸を挟み、拝むようにすること。

会席料理（フォーマルな和食）の流れ

まず、乾杯についてはＰ252以降のお酒のマナーを参考にして下さい。料理は「いただきます」と食材に対する感謝の気持ちをこめて、手を合わせてから食べ始めます。**最初に食べる人は、その場でもっとも位の高い人ですので、接待の場合は、接待相手のなかで、最上位の人となります。**しかし、接待される側は、遠慮をする可能性もありますので、ここは、**もてなす側のトップが、接待相手に対して「どうぞ、召し上がってください」とか、「では、いただきましょう」などの声がけをしてから、接待をする側の上位の人が食べ始めると良い**でしょう。それに続いて、接待相手の上位者、その同行者、最後にもてなす側の部下という順番になります。

したがって、自分が目上の場合は、まずは自分が一口食べないと、他の人が食べられません。日本人には、謙遜という奥ゆかしい性質がありますが、時と場合によっては、それが仇《あだ》となることもあります。その立場や状況に応じて、常に全体を見渡す配慮をし、自分がどのように行動すれば良いかを瞬時に考え、臨機応変に対応することも、食事中のマナーでは大切なことです。

それぞれの料理の食べ方を見てまいりましょう。

「先付け」

料理のはじめに出される前菜のことで、つきだし・お通しなどとも呼ばれます。

先付けは、**手前左から、一口大にして食べます**。あしらい（食べない飾りの葉）などは外して、小鉢やお皿の左奥に置きます。なお、小さい器は、こぼさないように手に持って食べても構いません。

「椀物」

吸い物とも呼ばれ、ほぼ透明なすまし仕立てのお料理のこと。

会席料理では、この椀物がメイン料理となります。

まず、ふたの取り方は、左手（利き手ではない手）で器を横から押さえ、右手（利き手）でふたの糸底を横から持ち、少しひねるような感じでふたをずらします。ふたの裏を手前（自分側）に向けて、お椀の中にしずくを落とし、自分に向かって椀の上を通り、左手を添え、両手で持ちます。そのまま糸底を下にして、折敷の外、右上に置きます。折敷の中、右上に置いても良いのですが、器が大きかったりする場合は置けない可能性もあるため、折敷の外でも構いません。

重要なことは、**ふたを開けたら、具と食材を鑑賞する**ことです。

次に、食べ方です。メイン料理の出汁が、そのお店の格を決めるともいわれていますので、**椀物は、まずは汁の香りを楽しみながら、出汁をいただきます。具材は、盛りつけてある上から順に食べていきます。**決して、下を探ったりはしないように。汁と具材は交互にバランスよく食べましょう。

大きい具材（椀を持ったまま切りにくい具材の場合）を食べる時は、一度、器を折敷の上に置き、具材は、箸で一口大に切り、再び器を持って食べます。

食べ終わったら、ふたを両手で持って、元の形と同様にふたをします。器の塗り物は高価でデリケート。ふたの裏を上にして置かないように注意してください。

「お造り」　向付けとも呼ばれ、2～4種類の刺身の盛り合わせのこと。

ひと昔前までは、生の刺身を食べ慣れない外国人の方も多くいらっしゃいましたが、近年、海外ではヘルシーな魚を使っている握り寿司なども人気です。興味津々で食べる人も多くなっています。しかし、日本人でも苦手な人はいるわけですから、**事前に苦手でないかどうかを伺い、確認しておく**と心配が軽減されます。

刺身を食べる時に大切なことは、新鮮で冷たいうちに食べるということ。料理人は、お客様に美味しく食べていただくために、それを出すタイミングや盛り方に工夫をしています。**お造りは、左手前の刺身から右方向（時計回り）に一口で食べていきます。左手前には淡白な魚を、続いて時計回りに濃い味の魚を盛りつけていることがほとんど**どです。時に、淡白、濃い、淡白と交互に盛りつけている場合もあります。ネタが大きく、一口で食べられない場合は、ネタを折って食べても構いません。

わさびは、**しょうゆ皿に混ぜないのがマナー**。高級料亭などで出てくる本わさびの風味を損なわないためです。刺身に直接のせて食べることをお薦めします。
刺身を口に運ぶ時は、しょうゆなどがたれないように、しょうゆ皿を小皿として持っても構いません。懐紙があれば、懐紙で受けても良いです。ツウな人は、懐紙の中に硫酸紙を挟み入れ使用します。こぼしたものが懐紙にしみ込まず、便利です。天ぷらを食べる時も同様です。手皿はしないように注意してください。

つまは、魚の種類が変わる時に、お口直しとして食べると良いでしょう。飾り付けの花なども、食用花ですので、食べられます。苦手なものを残す場合は、お皿の左上に寄せて、その上に懐紙をのせるとスマートです。

懐紙も多めに持参し、持っていない人にお渡しすると気が利いています。懐紙には、干支や季節の柄が入っているものもあります。季節毎に購入しておけば、特に、外国人には喜ばれます。男性用の懐紙は、少し大判です。懐紙は、デパートや茶道具を売っているお店や、インターネットなどで購入できます。

一般的なコースでの会席料理では、舟盛りは出てこないことがほとんどですが、（お店や場合によって）出てきた時は、主賓である接待相手から刺身を取っていきます。

取り方は、左手前にある淡白なものから盛りつけを壊さないように取ります。取り箸を使って、自分の取り皿に、2~3種類の刺身を置きましょう。取り箸がなければ、お店の人に持ってきてもらいます。自分の箸で直接取る時は、隣りの刺身に触れないように注意しましょう。この時、**お箸を逆さにして取らないように**。また、大皿や舟盛りに直接しょうゆなどをかけることも、ご法度です。それぞれに味には好みの程度があるからです。

「煮物」

炊き合わせとも呼ばれ、野菜や魚介などの煮物を盛り合わせたもの。
出汁の染み込んだ具材を味わう料理。

ふたがついていれば、椀物と同様の手順でふたを取ります。具は、**一口大に切って食べます**。ヘタなどが付いているものは、器の中で切り離します。
器が大きい場合は置いたまま食べますので、こぼしそうだと思う場合は、ふたを小皿代わりにしたり、懐紙を受け皿代わりに使用しましょう。持てる大きさ、重さの小振りな器であれば、そのまま持って食べても良いです。

●「焼き物」 季節の魚介や野菜、肉などを焼いたもの。

はじかみや飾り葉がついていたら、皿の奥に置きます。そして、**左側から一口大に切って食べます**。

はじかみは、魚を食べ終わり、最後にいただきます。魚の皮や骨など、食べ残しは、左奥にまとめます。食べ終わる時には、その上に飾り葉をのせて、それらを隠すと見た目に美しい食べ終わりになります。

尾頭付きの魚の食べ方

最近では、お店側の配慮から、食べにくいスタイルでの料理を出すことはありませんが、お祝いの接待の場合は、あえて尾頭付きの鯛をお出ししたり、季節感を楽しんでいただくために、鮎など旬の魚料理が出される場合もあるかもしれません。食べにくい料理は出さないように事前にお願いをすることも大切ですが、尾頭付きのお魚の食べ方もマスターしておけば、イザという時に安心です。外国人の接待相手には、食べ方をレクチャーしながらコミュニケーションをとることもできます。

1 左手に懐紙、右手にお箸を持ちます（右利きの場合）。懐紙を持った左手で頭を押さえ、尾ひれ以外の背ひれなど、外せるひれをお箸で取ります。取ったひれは、お皿の左上にまとめておきます。

2 上身の中骨から上の部分、左の頭から一口大に身を取り、右へと食べていきます。続いて、上身の中骨の下側を同様に食べます。

下身を食べる時に、魚はひっくり返しません。

懐紙を持った左手で頭を持ち、お箸で頭から尾ひれに向かって、中骨と身を剥がしていきます。中骨と身から剥がしたら、左手で頭を、右手に持っているお箸で尾ひれを持ち上げ、お皿の奥に置きます。骨を折れるようでしたら、折って小さくしたものを左上にまとめます。使用した懐紙は、取ったひれや骨の上に置くと、それらを隠すことができ、綺麗です。

下身は、左手前から右に向かって食べていきます。

●「揚げ物」 季節の魚介や肉、野菜などを揚げたもの。

上、または、左手前に盛られている食材から食べ始めます。

お箸で一口大に切り、お好みで天つゆやお塩をつけて食べます。もしも切れない時（れんこんなどの固い食材など）は、噛み切っても良いです。ただし、**一度噛んだものは、途中で皿に戻さないように注意**します。途中でお皿に戻すと、噛み切った歯形を人様に見せることになるためです。途中でお皿に戻す場合には、『しのび食い』（一度、噛み切った後、リスのように、その左右をちょこっ、ちょこっと、小さく噛み切ります。そうすることで、歯形がなくなる状態にする）という作法があります。

天つゆで食べる時は、天つゆの器を持ち、多くても食材の3分の1くらいまでにつゆをつけて食べます。つゆをたっぷりつけるとカラッと揚がった衣が水分を吸ってしまい、揚げたての天ぷらの風味を失ってしまうので、気をつけましょう。一方、お塩を使う場合は、必要な分だけ指でつまんで皿の左側に置き、食材に好みの量をつけながら食べても良いですし、食材に直接ふりかけても構いません。

「蒸し物」かぶら蒸しや茶碗蒸しなど、熱々のあっさりした料理。

器が熱いので、気をつけながら左手で器に手をそえ、いただきます。茶碗蒸しなど、中身が椀にくっついている場合は、熱いうちに、さじを器の内側と中身の間に沿って入れ、時計回りに一周させて、器と中身をはがしてから食べます。

こぼさないように、器を持って食べても良いですが、器が熱かったり、重い場合などは、そのふたや懐紙を受け皿代わりにします。

「酢の物」海草や野菜などの酢の物、和え物。

ごはんものなどのお食事と呼ばれるものの前に、最後の一皿として出てくる場合があります。酢の物は汁気が多いので、しずくがたれないように、持てる器は持って食べます。持てない器は、懐紙を受け皿代わりにして食べましょう。飾り物や食べきれない皿に残ったものは、お皿の奥にまとめます。

●「止め椀とごはんと香の物」

みそ汁などの汁物とごはん、香の物。最後の料理となるため、止め椀と呼ばれます。

止め椀は右、ごはんは左、香の物は奥に置かれます。ごはんや止め椀にふたがついていれば両手で取り、折敷の外、右上に置きます。2つのふたがある場合は、上下に並べて置きます。また、2つのふたのふち同士を合わせて重ねて置いても良いです。止め椀のふたは右に、ごはんのふたは左に置いても構いません。

会席料理の場合は、ごはんから食べることが多いのですが、止め椀から食べて良いです（懐石料理の場合は、はじめにごはんと汁物が出てきますので、その場合は、まず汁からいただき、お箸を湿らせてから、ごはんをいただきます）。

止め椀は、まずは汁をいただき、お箸で一混ぜし、具材を浮かび上がらせてからいただきます。**ごはん**は、山型に盛られている時は上から、平に盛られていれば左手前から、一口ずつ食べます。

香の物は、止め椀とごはんの合間に食べます。香の物の器も持って食べても良いとされていますが、最初に香の物を食べると、今までの料理は「美味しくなかった」というサインになるので、気をつけてください。また、**ごはんの上に香の物を置いて一緒に食べるのはタブー**。2つの料理を同時に食べないと心得ておきましょう。

止め椀と香の物はおかわりはできませんが、ごはんはおかわりができます。茶碗に一口分のごはんを残し、その茶碗を差し出すと、おかわりの意味となります。

会席料理では一般的に、止め碗が出てくるまでに、お酒を済ませるのがマナー。

お店側に対して礼をつくすのであれば、接待をする側もされる側もこの大切なマナーを知っておき、暗黙の了解としてそうするのが、スマートな接待、スマートな会社、スマートなビジネスパーソンという印象になります。

しかしながら、こういうことは、双方が知って理解していないとなかなかできません。ましてや、接待ともなれば、やはり主役は接待される側を一番に考えます。そのあたりは、お店側も熟知し、理解くださっていることでしょう。

基本を知りつつ、接待相手の意向に応じて、お酒を置いておいても良いでしょう。

接待する側は、お店の人に対し、「お心づかい、ありがとうございます」とひと言お礼を伝えることで、お店の人も快く理解、協力くださるに違いありません。

お食事の折敷など一式がすべて下げられたら、水菓子や菓子が出てきます。この時に、お茶とおてふきも、新しいものが出てきますので、お店の人に、あらためて「ありがとうございます」とお礼を伝えましょう。

「水菓子」　果物やシャーベットなどのことを、水菓子といいます。

盛り合わせている場合は、その形を壊さないように上や左手前から食べ始めます。ぶどうの皮などは、手でむいて食べます。皮を花びらのようにむいていくと綺麗です。種を出す時は、懐紙（なければ、手）で口元を隠して出す配慮をすると上品です。メロンなども、左から一口大に切って食べます。

「菓子・お茶」
練り切りなどの和菓子が、ほうじ茶や煎茶や抹茶などのお茶と一緒に出されます。

スプーン付きの和菓子は、ひとさじずつすくって食べます。黒文字などで食べるものは、左側から一口分ずつ切り分けし、刺して食べましょう。

コラム

おかわりの際に、茶碗に一口分のごはんを残す理由

諸説ありますが、多くは次の理由といわれています。

理由その1

昔は、茶碗を洗いませんでした。香の物のたくわんを残しておき、最後はそれで茶碗を綺麗にして終えていたそうです。ごはんを一口残しておくのは、食べ終えていないという合図のため、必然的にそれが「おかわり」の意味となっていったようです。まだ、食べ終わっていない「つなぎ」の意味ですね。

理由その2

禅宗では、最後の一口をお茶漬けにして食べ終えるのが礼儀でした。その理由は、昔は茶碗を洗わなかったので、茶碗を綺麗にして終えるために、お茶漬けにしていたそうです。お茶漬けにするために、ごはんを一口残していたため、「一口残す」という行為だけがクローズアップされ、まだ食べ終えない、おかわりをする、ということを意味する合図となっていったとのことです。

海外の方を接待するときのワンポイント英会話

❶接待をする個室で、お客様（外国人）が来たときの挨拶

「●●社長、ご多忙のところ、ご足労くださり、誠にありがとうございます」
Mr./Mrs. ●●, thank you for taking time out of your busy schedule.
Mr./Mrs. ●●, thank you for taking time to meet with us today.

❷和室にご案内をするとき

「どうぞこちら、床の間の前のお席にお座りいただければと存じます」
Please feel free to have a seat in front of the (place).
We have kept a seat in front of the (place) for you.

❸席へのご案内

「どうぞ、こちらにお座りください」
Mr./Mrs. ●●, Please have a seat here.

❹嬉しい気持ちを伝える

「お目にかかれて 大変光栄です」
Mr./Mrs. ●●, It's an honor to meet you.
Mr./Mrs. ●●, It's an absolute pleasure to meet you.
Mr./Mrs. ●●, It's a pleasure to meet you.

❺飲み物を聞く

「お飲み物は何になさいますか?」
Mr./Mrs. ●●, Would you care for something to drink?
Mr./Mrs. ●●, May I get you something to drink?
Mr./Mrs. ●●, Would you like something to drink?

「他のお飲み物を注文いたしましょうか?」
Mr./Mrs. ●●, Shall I get you another drink?
Mr./Mrs. ●●, May I get you something else to drink?

❻ 褒める・感謝する

「素敵なネクタイですね」
What a lovely/stylish tie.
That's a lovely/stylish tie.

「●●さんは、さすが！ すばらしいです！」
Mr./Mrs. ●●, I must say, I am really impressed!

「有意義なお話をありがとうございます」
Thank you for all the wonderful conversations.
It was an absolute pleasure talking with you.

「勉強になるお話をありがとうございます」
I have learned a lot thanks to you today.

※褒め方の注意点　どの国の人であっても褒められることは嬉しいことですが、外国人に対して、例えば「顔が小さいですね」「鼻が高いですね!」など、外見的なことは快く思われない場合があります。初めて会う方で外見から褒める場合は、「ネクタイが素敵ですね」など、身につけている物から褒めるのが良いでしょう。

❼ 会話が途切れた時に役立つひと言（例:日本料理店にて）

「日本に来たのは初めてですか?」
Is this your first time to Japan?

「ここ〈和室・日本料理店〉は、お気に召しましたでしょうか?」
How do you like it here?

「特に他に何かしたいこと/食べたいもの/見たいものはありますか?」
Is there anything in particular that you are interested in doing/eating/seeing.

※食事中の注意点　苦手な食べ物を無理に食べるようすすめないこと(刺身や魚の頭など。ホルモンが苦手な外国人も多い)。その場で、他に食べたいものがあるか伺う(事前準備ができていれば問題はないが、当日、体調不調などで急遽食べられないものが出た場合など)。

《おもてなしの精神》外国人を接待中に「相撲の座布団はなぜ投げるのか?」という質問をされて困ったという日本人ビジネスマンがいました。外国人は日本の習慣や文化や食べ物等に興味があります。グローバルな時代になればなるほど、日本のことについて知識を備えておくのも、おもてなしのひとつです。

そのほかの和食接待の場合

●寿司

接待でお寿司屋さんに行くこともあるでしょう。

カウンターにすべきか、個室にすべきか悩むところです。寿司店では、カウンター内にいる大将の前の席が最上席といわれています。目の前にある新鮮なネタを見ながら、また、カウンター内の寿司職人とのコミュニケーションをとりながら食べるのが粋でもあります。

しかし、**接待では、何よりも接待相手が一番ですから、接待相手の嗜好に合わせることが大切**です。顔見知りで、信頼関係も構築できている気心しれた相手とであれば、カウンターでも良いでしょう。その時の人数は、多くても4名までです。接待では個室のほうが落ち着けます。

とはいえ、相手によっては、カウンターで食べてみたいと思う人もいると思います。特に有名な高級寿司店であれば、なおのことでしょう。ここは事前に、先方の要望を伺うことをお薦めします。

また、海外からのお客様の場合は、カウンターに座って、お寿司屋さんの良さを体感していただきたいとも思いますし、相手もとても喜ぶと思います。カウンターに座っただけで、ワクワク楽しい気持ちになるのではないでしょうか。ただし、魚が苦手な人もいますから、事前に接待相手の嗜好を確認することが大切です。

なお、お店側には、当然のことながら、接待であることを予約時に伝え、お客様に対して、粗相のないよう、細心の注意をはらうよう、お願いをしておきます。

また、寿司職人の立場にたてば、新鮮なネタは出されたらすぐに食べて欲しいもの。**接待相手との会話を優先するのは当然ですが、特にカウンター席では、すぐに食べる**ことが、お店側へのマナーでもあり、美味しく食べるコツでもあります。

とはいえ、相手が食べないのに自分はすぐに食べるわけにもいきませんね。このようなことからも、接待をされる側も食べる時のマナーを心得ておき、遠慮せず、率先して先に食べるくらいの気持ちをもっておくと良いでしょう。

お寿司屋さんでオーダーをする時は、一般的にお店におまかせする「おまかせ」と、松竹梅などの値段が決まっている「お決まり」があります。**接待の場合は、どのようにするのか、予算とともに、事前にお店の人に相談をすることをお薦めします。**特に、時価のあるお寿司屋さんの場合は必須でしょう。

自分達で好きなものをオーダーするスタイルになった時には、にぎりの前につまみ（刺身）をオーダーしましょう。味が淡白な白身の刺身からオーダーし、お酒とともにつまみを楽しんでから、「にぎり」を注文します。

にぎりは、白身や貝類など淡白なものからいただき、続いてまぐろなどの赤身、トロやうなぎなどの味の濃いものへと順に依頼をすると良いでしょう。

その後、軍艦巻きやカッパ巻きなどの巻物を食べ、最後はつまみの玉子で締めるのがツウな人の食べ方です。食べる順番があるのは、濃い味を先に食べると白身などの繊細な味がわからなくなってしまうからです。

食べ方

お寿司は、手で食べてもお箸で食べても構いません。元々、手で食べていたので、手で食べるほうがこぼしにくいということもあり、安心です。諸説ありますが、近年、カウンターで食べる時は手で食べ、テーブル席ではお箸を使うともいわれます。**接待時は、相手に合わせることが大切ですから、ほかの人の食べ方にならうのがよいでしょう。間違っても、自分だけ異なる食べ方はしないようにしてください。**

手で食べる時の持ち方は、親指と中指でにぎり寿司の両脇をもち、人差し指を上に添えて、ネタの先端に少しだけしょうゆをつけて食べます。注意点は、シャリ（ごはん）をしょうゆにつけないことです。

お箸で食べる場合、お箸で寿司の両脇を挟んで持ちます。少し斜めにして、ネタの先端にしょうゆをつけ食べます。しょうゆがたれないように、しょうゆ皿か懐紙を持って、一口で食べるのがポイント。一口で食べることが難しい時は、噛み切って食べます。一口食べたらお箸を持ったまま、二口目を食べます。噛み切ったままのお寿司を、お皿の上に置かないように注意してください。

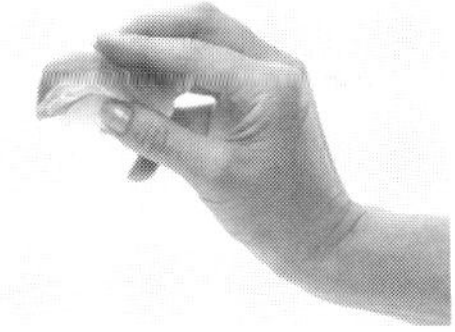

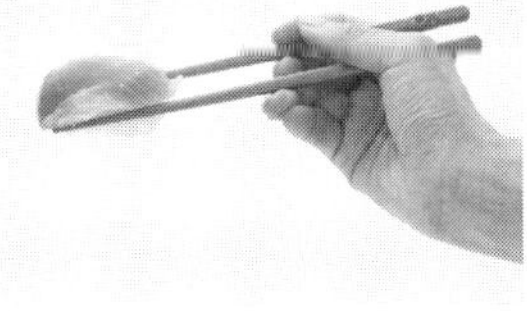

軍艦巻きは、ガリにしょうゆをつけ、それをネタの上にたらす移しじょうゆや下の海苔の部分に少しだけしょうゆをつけて一口で食べます。

巻き物も、下の海苔の部分に少しだけしょうゆをつけて一口で食べます。

太巻きは、一口で食べるのは難しいので、半分くらいを噛み切り、それを持ったまま、残りを食べます。女性など噛み切ることに抵抗のある人は、最初に箸で半分に切り分けても良いですが、海苔の部分は、箸ではなかなか綺麗に切れず、食べ崩しの原因にもなるので、なるべく切らずに食べることをお薦めします。

ちらし寿司は、左手前からお好みでネタにわさびをのせて、しょうゆをつけて食べます。いくらなどしょうゆをつけにくいネタは、刺身やガリにしょうゆをつけて、それからの移しじょうゆとするとスマートです。

天ぷら・しゃぶしゃぶ・すきやき

接待では、高級な天ぷらやすき焼き、しゃぶしゃぶなどのお店に行くこともあります。基本的には今までお伝えした通りです。天ぷら店にも、カウンター席がありますので、出された揚げたての天ぷらは、冷めないうちに、すぐにいただくことを心得ながら、接待相手との会話を進めることがポイントです。

すき焼きやしゃぶしゃぶは、お店によって、そのスタイルが様々ですが、目の前で火を扱うことになりますから、やけどなどに気をつけます。また、ちょっとした拍子に、たれなどをこぼすこともあります。自分は元より、周囲の人への目配りを怠らないようにもします。そして、何よりも火の取り扱いには、厳重に注意しましょう。

カジュアルなお店での接待シーン

気心の知れた取引先や、グループ会社同士での接待では、鍋料理や焼き鳥専門店などを利用することもあります。このようなお店で気をつけるポイントとそれぞれの食べ方をまとめてみました。

接待では、基本的には事前に料理内容を決めておきますが、例えば、グループ会社の人が出張に来た際に、急遽、夜の食事をご一緒することもあるかもしれません。そのような場合は、行きつけのお店にご案内をして、その場で、好みの料理を選んでいただくこともあり得ます。

このような時には、「何になさいますか?」とメニューをお見せして、まずは目を通していただきます。ひと通り、目を通されたタイミングで、「いかがですか?」と、相手の希望を伺います。そして、「ちなみに、こちらのお店では、地元でとれる○○の鍋が人気なんですよ」など、人気のメニューや珍しい料理を紹介してさし上げると良いでしょう。

また、以前、ご一緒した時の相手の好みを覚えていて、「○○さんのお好きな○○もありますよ」などと言うと、嬉しく思われることでしょう。そして「あの時は、遅くまで飲みましたよね」など、思い出を伝えることで、あらためて、おつきあいの長さや、親密さを心にとめていただけるアピールにもなります。

●鍋

鍋料理は大人数で楽しみながら食べられる料理です。だからこそ、互いに対する配慮がいっそう大切になるともいえます。

もっとも多いお悩みは、取り分けるべきかどうか、ということです。

高級鍋料理店であれば、そのテーブルについてくれるお店の人が、具を鍋に入れてくれたり、食べ頃になったら、それぞれによそってもくれ、薬味やたれなど、お薦めの食べ方も紹介をしてくれます。

一方、そうではないお店の場合は、基本的に、自分で取って食べるのがマナーですから、他人の分を取り分ける必要はありません。特に海外では、その習慣が身に付いていますので、**お店以外の人が取り分けることを不思議に思ったり、嫌う人もいますから、慎重にしてください。**

しかし、日本では、取り分けることが親切、気がきく人だと思われています。具が煮えてきたら「そろそろ、食べ頃になりました。お取り分け致しましょうか？」「お取り分けしてもよろしいでしょうか？」と、**取り分ける気持ちと、それをしても良いかどうかの伺いをたてる**ことをお薦めします。自分で好きなものを好きなだけ取りたいという人もいらっしゃるからです。

具を取る時は、専用の取り箸などで取ります。なければ、お店の人に頼んで持ってきてもらいましょう。

「苦手なものはございますか?」とか「何がよろしいですか?」「つゆも入れますか?」など、一人ひとりの好みなどを伺いながら、バランス良く取り分けていきます。

自分で取る場合は、**自分の好物ばかりを取って、黙々と食べるのは御法度**です。周囲の様子をうかがいながら、みんなのペースに合わせて食べましょう。

鍋料理でのタブーは、一旦箸で取ったものを、「やっぱりやめた」と鍋に戻すことです。仮にまだ煮えていなかったという理由から戻したとしても、不快に思う人もいます。煮えたか煮えていないかは、お玉に一度のせて確認をしてから取るようにしましょう。

カニは、専用のピックで身を出してから食べます。お店で食べる時は、殻に切れ目を入れてくれているので、そこから殻を左右に割って身を出します。

殻付きのエビは、別の取り皿にエビを置き、左手に懐紙を添えてエビの頭を押さえ、頭と尾を箸で切り離します。殻は箸で剥《む》いていきます。手を清めるナプキンなどがあれば、手で剥いても構いません。

エビの身を箸で一口大に切るのは難しいので、噛み切って食べて良いです。その場合は、噛み切ったものを途中でお皿には戻さないで、そのまま食べ続けます。

また、頭のみそをすするのも構いません。ただし、目上の人が同席している会食の場では、主賓や目上の方がおこなったら、自分もおこなうようにします。人前ですするのが恥ずかしいと思ったら、無理にすする必要はありません。

焼き鳥

串にささったまま食べるのが良いと言われていますが、それを恥ずかしいと思う女性などもいますから、その場合は、お箸で外して食べても良いでしょう。

温かいうちに食べることです。冷めてしまうと、串から外れにくくもなります。

また、本来は、自分で取ったものは、自分で食べることとなります。串から身を外してシェアして食べるのは、社内の飲み会などでは良いと思いますが、接待の場では、控えたほうが良いでしょう。もちろん、接待相手との関係性などに応じて、シェアして食べてもよい間柄や雰囲気であれば構いません。

そば

接待で「そば屋」は一般的には利用しないという会社が多いのが現実です。となると、そばの食べ方は知らなくてもよさそうですが、実は、会席料理のお食事の際に、ごはんの代わりに、そばを出すお店もあります。多くは、夏場に見受けられます。もちろん事前に確認をし、そばではなく、ごはんにしてください、などとお願いをすることは可能でしょう。

そばは、カジュアルな食べ物ではありますが、日本を代表する人気の和食のひとつ。外国人たちも、そばやうどん、ラーメンなど、日本の麺類に興味をもち、人気です。実際の接待では行かないかもしれませんが、特に外国人に対する接待時の話題のひとつとしても活用できる、ツウなそばの食べ方をお伝えします。

食べ方

せいろの中央から、一口ですすれる量（蕎麦は6本程度、うどんは3本といわれています）のそばを取ります。箸を横にして、せいろの中央から取ると、からまずにスムーズに取れます。最初は、何もつけずに、そばのみをいただきます。

続いて、つゆを蕎麦猪口に、4分の1程度入れます。蕎麦猪口を両手で持ち、次に箸をもち、蕎麦猪口を利き手ではないほうの手で持ちます。一口ですすれる量のそばをとり、そばの3分の1程度につゆをつけて食べます。つゆをつける量は好みで良いのですが、つけすぎは、そば本来の味が消えてしまうので、要注意です。

次に、味の薄い薬味から1品ずつ蕎麦猪口に入れ、それぞれの味を楽しんで食べます。わさびは溶かさずに、箸に少しつけて、そばと一緒に食べても良いです。途中で噛み切らず、一気に食べます。また、つゆが薄くなったら、好みの濃さにするために、注ぎ足します。

そばは「音を立てて食べるのも美味しさのうち」といいますが、周囲の人がびっくりするほどの音を立てないように。

食べ終わったら、蕎麦猪口にそば湯を注ぎ入れて飲みます。そば湯は、そばをゆでた時のゆで汁のことです。そばに含まれる栄養が溶け出しているので、健康に良いといわれています。

以前は、職人気質から、「こう食べて欲しい」というこだわりのお店もありましたが、近年はお店側も、「お客様のお好きに召し上がってください」というケースが多く、食べ方の作法は、それぞれの自由になってきている傾向にあります。

お寿司やそば、うどんなどは、もともと忙しく時間のない時に早く食べられる現代風にいえばファストフード的存在で、カジュアルな食べ物です。本来は、その作法を重視するものではないといえるでしょう。

そば屋では、音をたてて食べるほうが粋だと言われていますが、会席料理などのあらたまった席でそばが出てきたら、なるべく静かに食べるなど、TPPO（時・場所・相手・立場・場合）に合わせた食べ方を使い分けることのできる人が、真のマナー人といえるでしょう。

外国人は本来、音をたてて食べることを嫌い、違和感をもっている人が多いようです。しかし、最近では、海外の人も、日本では、そばやうどん、ラーメンは音をたてて食べるのがマナーなのだと理解してくださる方も多くなりました。

日本人でも音をたてて食べるのが苦手、また恥ずかしいと思う人もいます。そういう人に対して、それを強要するのは、マナーとはいえない気がします。

うどんも、同様です。うどんも、カジュアルとはいえども、「うどんすき」などの高級料理店もあります。うどんは、のどで味わうために、飲み込んで食べるといわれることもありますが、それに対抗のある人や慣れない人もいます。

接待時も同じですが、**最大のマナー違反は、人がその作法をおこなわずにいるのを見て、「あの人は無作法だ」などと言うこと**です。周囲に迷惑をかける食べ方でなければ、食べ方はその人の自由。広く大きく深い心をもって、いつも心を微笑ませていたいものです。とはいえ、接待では、どこを見てどう評価されるかわかりません。食べ方も、相手との関係性や状況を見つつ、臨機応変に自由自在に変えていける柔軟性が必要です。

コラム

懐紙は「できる大人」の証です

和食を食べる時に、活躍してくれる懐紙（懐紙とは、衣服の懐中に束ねた紙を携帯していたところから、「懐紙」と呼ばれるようになったといわれています）。平安時代には、この紙を使用して手紙を書いたり、詩をしたためたりしていた記録もあり、大変風情あるものです。また、メモ用紙の代用としても使用されていました。

近年、懐紙は茶道をおこなう際や、和菓子の下に添えられる程度になってきましたが、本来は、いつでも携帯をして活用して良いものです。

懐紙は、バッグの中や、男性であればジャケットの内ポケットに入れておきます。使いたい時に取り出しても良いですが、はじめから膝元（自分からみて下手側）に用意しておくと、すぐに取り出せてスマートです。

小皿代わりに使用したり、手を汚さないように懐紙で料理を押さえたり、残したものの上に置いてそれを隠したり、口から種や骨などを取り出す時に口元を隠したりと、懐紙は大変役立つ万能アイテム。専用の懐紙入れに入れておくと上品です。

コラム

大人の喫煙・携帯・スマホマナー

喫煙者にとって食後の一服はこのうえない楽しみですが、同席するすべての人間が喫煙者ではありません。たとえ喫煙席でも、「吸ってもいいですか」の一言は忘れないようにしましょう。接待時は、相手が吸わない場合は、接待する側は吸いません。

また、接待をする側は、携帯電話やスマートフォンの電源はＯＦＦにしておきます。マナーモードであれば良いのではと思いがちですが、振動音で接待相手が気づく場合もあります。

そうすると、相手が気を使って「どうぞ、お出になってください」など促してくださるかもしれません。これでは、今までおこなってきた気配りやおもてなしが水の泡です。携帯電話やスマートフォンが鳴ることで、意識が接待相手に向いていない、集中していないと評価されてしまう危険性があります。

相手へ無礼をしないというマナーの精神から、危険は事前に回避し、自社と自分の身を守ってください。

コラム

接待で使える、お酒の知識1　日本酒・焼酎

日本酒

原料である酒造米に酵母を加えて発酵させて造る醸造酒。

使用原料による分類

本醸造酒――米と米麹に加えて、醸造アルコールも使って造られた日本酒。

純米酒――米と米麹だけで造られた日本酒。同じ蔵元・銘柄であれば、本醸造酒より高級品として扱われることが多い。

精米歩合による分類

※「精米歩合」は原料となる米を磨いて、残った割合。

吟醸酒――蔵元によって基準が異なるが、一般的には「精米歩合60％以下」の日本酒を指し、純米酒なら「純米吟醸」と呼ばれる。同じ蔵元・銘柄であれば、大吟醸酒よりも安価で提供されている。

特別本醸造酒・特別純米酒――吟醸酒そのものではないが、それに近い精米歩合・製法で造られた日本酒を指す。本醸造酒なら「特別本醸造酒」と呼ばれ、純米酒なら「特別純米酒」と呼ばれる。

後処理や熟成状態による分類

生酒――製造後の「火入れ（殺菌のための加熱処理）」を一切していないので、日本酒暗所での冷蔵保存が必須となり、早めに飲みきらないといけないが、日本酒本来のフレッシュな風味が楽しめる。

生貯蔵酒――日本酒を低温で貯蔵し、出荷前に一度だけ「火入れ」を行った酒。生酒ほどではないが、製造直後の日本酒に近い味わい。

古酒――長期間熟成して、風味を強めた日本酒。1年以上の熟成から、「古酒」として扱われることが多い。

※お燗か常温か冷やで飲むかは、お好みですが、生酒・生貯蔵酒は、風味を壊さないために、常温か冷やで飲むのがお薦めといわれています。

燗の知識

人肌燗　少しぬるい程度。体温より少し低めの35度くらい。

ぬる燗　体温より高めの40度くらい。

上燗　注ぐと湯気が立つ45度くらい。

焼酎　甲類焼酎と本格焼酎（乙類焼酎）があります。

甲類焼酎　もろみなどアルコール分を含んだ原料を何度も蒸留した純度の高いアルコール。くせがなく酎ハイやカクテルに使われる。「ホワイトリカー」など。

本格焼酎　穀類やいもなどでんぷん質や黒糖やなつめやしなどの糖質原料を発酵させて蒸留したもの。原料が銘柄になっている。芋を使った「芋焼酎」。そばを使った「そば焼酎」など。黒麹を用いた焼酎は沖縄特産の「泡盛」。

おいしい飲み方

1 ストレート

冷やした焼酎をグラスに入れる。何も加えない。少しずつ口に含み、香りや味を楽しむ。

2 オンザロック

グラスに氷を入れて、焼酎を注ぐ。氷で冷やすことにより、のど越しがよくなり、爽やかさも増す。

3　お湯割・お茶割

カップにお湯やお茶を入れてから焼酎を入れる。

●お薦めの割合（好みに応じる）

お湯割　お湯4対焼酎6

お茶割　お茶5対焼酎5

4　水割

グラスに焼酎を注いでから、ミネラルウォーターを入れると、香りが立ち上がる。

●お薦めの割合（好みに応じる）　お水4対焼酎6

5　ソーダ割

グラスに焼酎を注いでから、ソーダ水（炭酸水）を入れる。

●お薦めの割合（好みに応じる）

飲みやすい割合　ソーダ水4対焼酎1

濃い目の割合　ソーダ水2対焼酎1

※柑橘類の果汁などを加えるとよりいっそう飲みやすくなる。

洋食編

ビストロとレストランの違いをご存知でしょうか。フランス料理店やイタリア料理店には、いくつかのお店の種類があります。名前をみてどのようなお店なのかを理解していれば、「こんなはずじゃなかった」と思わずにすみます。

例えばフランス料理では、レストランといえば格が高いお店を指します。ビストロは大衆料理店のような小さなレストラン。ブラッスリーはお酒が中心で食事もできるビアホールというイメージです。

イタリア料理では、リストランテは比較的格が高く、トラットリアは郷土料理を楽しむような少しカジュアルなお店になります。

接待のお店選びは、皆さん悩むようです。現に、私がマナーコンサルティングに入らせていただいている企業のほとんどが、「今度、こういう接待をするんですけど、お店はどこがいいでしょうか？」と質問をしてきます。

大切なクライアントのために、接待の目的や先方の詳細などを伺い、それに合うお店をご紹介するわけですが、先日、洋食のお店選びの際に、「先生、初の顔合わせにイタリアンはどうでしょうか？」と質問を受けました。「それは、ダメでしょう！」と即答しました。その接待相手と初対面であるということが大きな理由でした。

もちろん、高級なイタリア料理店もありますし、フランスにフォークが持ち込まれたのはイタリアからともいわれています。しかし、一般的なイメージでは、イタリア料理のほうがカジュアルな印象を受ける人が多くいらっしゃいます。特に、初対面の接待におけるもてなしは、まずは、王道でおさえておいたほうが安心です。

テーブルマナーでも、まずはフランス料理を基準にしたマナーから学びます。基本の王道を学んだのちに、ではパスタやピザはどう食べるのか、などと進んでいきます。物ごとには段階があります。まだ、親しいおつきあいに発展していないうちは、接待相手に減点される危険性のある要素は避けることをお薦めします。

洋食の最高峰は、フランス料理といわれています。ここでは、フランス料理のコースを食べる時のテーブルマナーを基準にお伝えしてまいります。

レストランでの立居振る舞い

基本的には、お店の人が誘導してくれますが、もし、あなたが接待相手を誘導する場合には、次の通りとなります。

荷物

1 お荷物があるとき

「差し支えなければ、お荷物をお持ちいたしますが」

というように、必ず、「差し支えなければ」というクッション言葉をつけてから、荷物を持つ姿勢を伝えましょう。本来、「が止め」で会話はしないほうが良いのですが、この場合は、「が止め」で伝えながら、荷物をお預かりする姿勢をとることで善しとなります。

2 クロークに荷物を預けるか否かの確認

あなたが荷物を預かった場合や、預からない場合でも、接待相手が荷物を持っていれば、クロークに預けるかどうかの確認をしましょう。本人に確認せずに、善かれと思って勝手に預けるのはタブーです。

「お荷物はクロークにお預けなさいますか？」

とひと言、お声をかけましょう。

案内・誘導～ドアの開け方・閉め方

お店の人が誘導してくれる場合、先頭にはお店の人、続いてお客様。その後ろに、接待をする側が続きます。もしあなたが上司と2名でいる場合は、上司の後についていきます。**個室に入る前は、必ずノックをします。**

押し開けるドア

1 案内している人が先に入室します。この時、お客様に対して「お先に失礼いたします」のひと言と会釈を忘れないようにします。

2 入室したら、内ドアノブに持ち替え、それを持ったまま、「どうぞお入り下さいませ」と言って、ジェスチャーで示し、入室していただきます。

引いて開けるドア

ドアを引き開けたら、お客様に「どうぞ」と伝え、先に入室していただきます。

この時の注意点は、ドアを開けたら、一度、部屋の中をみて、室内の安全確認などをすることです。その上で、「どうぞ」と言って、お客様に入室いただきます。

引き戸タイプのドア

案内人がドアをスライドさせたら、「どうぞ」と言って、お客様に先に入っていただきます。

椅子の引き方・座り方

椅子の引き方

一般的に、椅子はお店の人が引いてくれますが、接待する側が案内をし、椅子を引いて差し上げることもあるかもしれません。また、これをマスターしていると、他のビジネスシーンやプライベートでも活用できます。

1 両手で椅子の背もたれの左右中央より上を持ち、椅子を引きます。
2 「どうぞ」と言い、椅子の前に誘導します。
3 相手が椅子の前に立ったら、ゆっくりと椅子を前に押します。この時に、両手で背もたれを持ちながら、膝で椅子を前に押します。

椅子への座り方

1 椅子は、左から出入りします。西洋では昔、男女共に剣を左腰にさしていたため、左から入るとスムーズに座れるので左から出入りするようになったといわれています。

2 テーブルに自分の太腿がつくくらいの位置に立ちます。そこに座ると、テーブルと自分の距離が、握りこぶし1個分ほど、空きます。これくらいテーブルに近い位置に座ると、食べ物などを膝にこぼす心配がありません。

洋室の席次

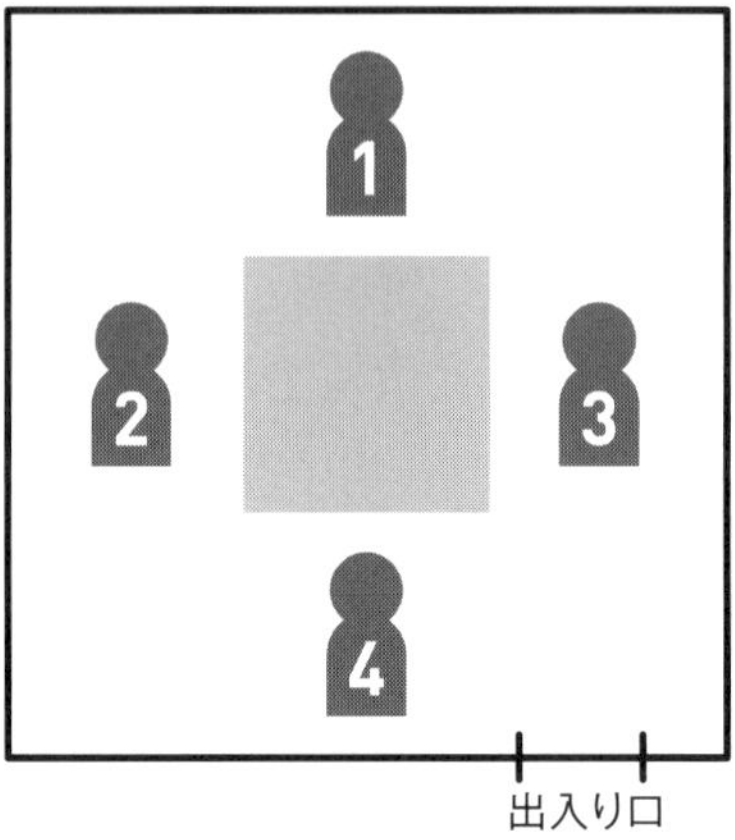

洋室の席次

洋室の席次も、基本は、出入り口に近い席が下座で、遠い席が上座となります。ただし、そのお店のテーブルの配置の仕方などにより、絶景が見える側が下座などの場合もあります。そのような時は、事前にお店の人に相談をして、上座を決めましょう。

顔なじみの接待相手の場合は、その場で先方の意向を伺って決めても構いません。善かれと思って勝手に行うのではなく、相手の希望を確認することが大切です。

フランス料理という最高の舞台での食べ方

知らないと恥！ 特に気をつけたい接待時の洋食5大マナー

1 音をたてない

食べる時に音をたてないように意識します。食べ方のマナーができていないと、自分のみならず、同伴（同行）者や同席者にも恥をかかせることになりかねません。普段から注意をして十分に気をつけましょう。

2 洋食器は持ち上げない

洋食は基本的に食器を持ち上げて食べません。ただし、スープカップの場合は、取っ手を持ち上げて食べて構いません。

3 ナイフの刃を相手に向けない

ナイフの刃を相手に向けながら話をしたり、食事休みや食事終了時に、刃を相手に向けることのないように意識をしてください。

4 料理は左側から食べる

料理は、左側、もしくは、左手前から食べます。スープの場合は、皿の縦中心線上の、手前から奥（イギリス式）や奥から手前（フランス式）にすくって食べます。

5 物を落としても自分で拾わない

カトラリーやナプキン、また自分のものを落とした時は、自分では拾わないように。お店の人に拾ってもらいます。また、パン屑がテーブルの上にちらばっても、そのままにしておきます。

カトラリーの3大タブー

洋食マナーはその国によって、カトラリーの持ち方や食べ方のスタイル（型）に多少の違いがあります。しかし、「相手の立場にたって相手を不快にさせない」というマナーの本質を考えた時に、絶対に行ってはいけない世界共通のマナーがあります。次の3つは、絶対に行わないようにしましょう。

①ナイフやフォークで相手を指しながら話をする
②利き手である右手を口に運ぶほうが食べやすいからといって、右手に持っているナイフに料理を刺して食べる
③ナイフやフォークについたソースをなめる

左利きの人は？

洋食は、右手にナイフを、左手にはフォークを持って食べるのが基本形です。よって、ナイフとフォークを使って食べる国のひと達は、可能であれば左利きの人でも食事の時はこれにならって食べる人がほとんどです。

ナイフやフォークのことをカトラリーと言います。正式な洋食のコース料理では、テーブルの上にカトラリーが並んでいます。

並んでいるカトラリーは外側から使用していきます。同じナイフでも、形や大きさが異なるものがあるのは、食べるメニューに応じて、使用するカトラリーの形状を変えるからです。お肉料理用のナイフとフォークがもっとも大きなものです。

ソムリエへの相談の仕方とテイスティングのコツ

洋食の場合、食中酒の主役はワインです。食前酒の注文をし、料理を注文したら、食中酒のオーダーになります。ワインの選び方は難しそう……と敬遠する人も多いのですが、変に知ったふりをするより、本日の食事にはどんなワインが合うのか、ソムリエやスタッフに相談するほうがスマートです。

食中のワインは料理との相性が大切です。一般的に肉には赤、魚には白といわれていますが、あまりこだわりすぎず、自分の好みでセレクトしても構いません。ワインリストにたくさんの銘柄が並んで迷う時は、恥ずかしがらずに、ソムリエに相談しましょう。伝える情報は次の4つです。

1 オーダーした料理　魚料理なのか肉料理なのか、それとも両方をオーダーしたのか、その料理を伝えます。

2 味の好み　「すっきりしたもの」「コクのあるもの」「酸味が強いもの」など、好みを伝えます。

3 飲む量　何名でどのくらいの量を飲むのかを伝えます。フルボトル1本でグラス7～8杯飲めます。

4 予算　予算があれば事前に伝えます。

ワイングラスの持ち方

ワインをテイスティングする時は、親指と人差し指、中指の3本の指でワイングラスのステム（脚）を持ち、薬指と小指は軽く添えます。

一方、飲む場合は、ボディを持つほうが安定するという理由からボディを持ちます。公式正餐の場でも、ボディを持つ人がほとんどです。

しかし、そうすると、グラスに指紋がついたり、手の温もりでワインの温度が変化したり、また、美しいワインの色や気泡などを楽しむことができない、などの理由からステム部分を持つ人もいらっしゃいます。

高級なワイングラスになればなるほど、その厚みは大変薄く、力を加えると簡単に割れる可能性があります。ボディを持つ時には、その力加減に注意しましょう。

テイスティングは色→香り→味をチェック

接待の場合は、接待する側のホストがテイスティングするのが基本です。

テイスティングは、まず色を見て、次に香りと味を感じるだけで十分です。**確認する順番は「色→香り→味」**ですから、つまり「目→鼻→口」と覚えておくと良いでしょう。

テーブルにグラスを置いたまま、グラスを少し傾けて、テーブルクロスに透かしてワインの色を確認します。不純物が入っていないかどうかも併せて確認します。

そして、グラスをテーブルに置いたまま手を添えて、**反時計回り**で5回ほどグラスを回し、多くの酸素と触れるようにします。その後、グラスを鼻の下へ持っていき、香りを確認します（時計回りに回してしまうと、万が一ワインが飛び散った場合、遠心力の働きで前や右斜め前に向かって飛び出します。つまり、他の人に迷惑がかかるということ。これも相手を思いやるマナーのひとつです）。

少量のワインを口に含み、味と後味を確認します。問題なければ「こちらで結構です」と伝え、ＯＫサインを出します。

先方がワイン通であったり、ワイン好きな場合は、「ワインにお詳しい○○さんと伺っております。テイスティングをお願いしてもよろしいですか？」などと伺いを立ててみるのも良いかもしれません。ただし、相手によっては、試飲をさせて失礼だと思うかもしれませんし、反対に伺いをたてずに、勝手におこなうと良い気がしない人もいるかもしれません。

このような時は、「僭越《せんえつ》ながら、試飲をさせていただきますが、よろしいですか？」と確認をとることが大切なマナーといえるでしょう。

テイスティングしたワインを取り替えてもらえるのは、ワインが劣化していた時だけであり、開けたワインが好みでなかったからといって取り替えてもらえるものではありません。どうしても取り替えたい、という場合は、最初のワインの料金も請求されるということを頭に入れておきましょう。

一般的に男性と女性の場合、テイスティングは、男性がおこないます。

洋食器のスマートな使い方

●カトラリールール

ナイフとフォークは出される料理の順にそって、外側から内側にセットされています。したがって、その料理ごとに外側から使います。**料理は同席者全員に運ばれてから、接待相手と上司が食べ始めたら、あとに続きます。**

●カトラリーの使い方ワンポイントアドバイス

フォーク

フォークは左手で持ちます。フォークの背を上にして人差し指をフォークの背になるべく近いところを押さえると、扱いやすくなります。ハラ（くぼんでいる側）を使って食べる時には、下から持ちます。

ナイフ

ナイフは右手で持ち、人指し指で押さえます。魚用のナイフは、人指し指を上から押さえず、親指と人指し指でナイフを挟むように持ちます。

スプーン

中指の第一関節よりやや下の位置（指先側）に、スプーンの柄の上から3分の1くらいの箇所をのせます。親指は上から軽く押さえ、人差し指は軽く添えます。上から握らないように気をつけてください。

食事途中と終わりのサイン

食事途中と終わりには、「イギリス式」「フランス式」「アメリカ式」の3種類の型があります。どの型で食べても間違いではありませんが、**接待のときは、接待相手の型にならい、足並みそろえるのが、接待時のテーブルマナー**といえましょう。

気をつける点は、それぞれの型を混合させないこと。ひとつの形式で統一させることを意識するとスマートです。

食事の途中と終わりのサイン

イギリス式

途中

ナイフの刃は内向きにし、その上にフォークの背を上向きにしてクロスさせてお皿の中央に置く。ナイフの上にフォークをクロスさせるのは、ナイフで危険な行為をしません、という気持ちの表現。

終了

ナイフの刃は内向きにし、その左にフォークの背を下にして、お皿に対し、時計の6時の位置、縦にまっすぐに置きます。お店の人がお皿を下げる際にカトラリーが邪魔にならないよう、左右をスッキリさせておくという配慮からなる型です。

フランス式

途中

ナイフの刃は内向き、フォークは背を上にして、それぞれをお皿のなかで「八の字」に置く。お皿が小さい時は、柄がテーブルに出ても構わない。

終了

ナイフは内向き、その左にフォークは背を下にして、お皿の上、時計4時の位置か、真横の3時の位置にして置く。

アメリカ式

途中

ナイフの刃は内向き、フォークは背を上にして、それぞれの先端をお皿にかけ「八の字」に置く。柄はお皿から出て、テーブルの上に置く。

終了

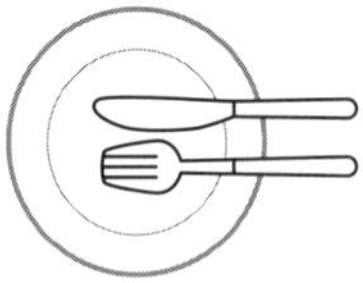

ナイフは内向き、その左にフォークは背を下にして、お皿の上、時計3時の位置にして置く。

※接待では、接待相手のトップの方がおこなっているスタイルに合わせることをお薦めします。

ナプキンの使い方、もう迷わない

ナプキンは、そのテーブルのなかで、最上位の人が取ったら、他の人も取ります。逆をいうと、自分が最上位の人であれば、早く取らないと他の人が取れませんので、気をつけましょう。接待の場合は、接待される側の上席者が最上位の人となります。なお、接待される側の上席者が接待する側の上席者よりも目下の存在である場合には、接待する側の上席者が先に取っても構いません。

取るタイミング

一般的には、着席したら、すぐにナプキンを取って良いとされています。しかし、その後、起立して乾杯の儀式がある場合などは、乾杯終了までは、取らないほうがスマートです。**接待では、座ったまま乾杯をすることがほとんどですから、ドリンクのオーダーをしたら、お店の人に言われる前にナプキンを膝（太腿）の上にかけましょう。**

ナプキンは二つ折りにして、山側をお腹側に向けてかけます。上側を少しだけ短くしておくと、口などを拭く時に取りやすくなり便利です。使用する時は、上側の表を使用しても良いですが、左上裏を使用すると、使用した汚れを隠せます。45センチ×45センチのナプキンは、開いたまま使用しても構いません。この時は、上表を使います。

中座をするとき

食事中に席を立つ時は、膝の上からナプキンを取り、軽くまるめて椅子の座面に置いて離席します。日本では、椅子の背もたれにかけるなどの説もありますが、海外ではそのようなことはしませんので、**日本にて接待をする場合、特に海外のお客様の前では座面に置きましょう。**

食事終了のとき

食事が終わり帰る時は、綺麗にたたまずに軽くまるめてテーブルの上に置くのが正式です。綺麗にたたんでしまうのは、「料理が口に合わなかった」「美味しくなかった」「サービスに不満がある」などのサインとなるので、こちらも特に海外や、海外からのお客様の前では行わないようにしてください。

日本では、綺麗にたたんでおくほうが印象が良いと思われがちなので、そのようにしている人も多く見かけます。日本では良いかもしれませんが、海外などでは行わないようにします。気になる人は、軽くたたむ程度にとどめると良いでしょう。

フランス料理のコース

❶アミューズ・ブーシェ　前菜の前の少量の料理。

フォークやスプーンだけ、または手で食べる料理がほとんど。料理の種類は、ジュレ、カナッペ、ピンチョス、キャビア、など。

❷オードブル　前菜のこと。

フォークとナイフで左手前から一口大に切って食べる。

❸ ポタージュ　スープのこと。コンソメはポタージュ・クレール。

本来、スープは飲むではなく、食べると言います。注意点は、大きな口をあけて、スプーンを口の中に入れないこと。そして、ズルズルと**音をたてて食べないこと**。

スプーンを手前から奥に動かす「イギリス式」と、スプーンを奥から手前に動かす「フランス式」の所作の違いがありますが、こちらも、先方のトップの食べ方に合わせるのが無難です。また、スプーンを持っていない左手はテーブルの下にあるのが「イギリス式」、上に出すのが「フランス式」です。

スープの量が少なくなったら皿の左手前を軽く持ち上げ、奥へスープを寄せて食べます。お皿の底を相手に見せない配慮となります。

スプーンの用い方

次の2種類の形状によって、食べる時の所作が変わります。

1 丸いスプーン

スプーンの横に口をあてて、音をたてずにスープを食べます。

2 先のとがったスプーン

スプーンの細くなっている先端を口あて、スープを流し入れます。この形状のスプーンの幅は、人の口の幅に合わせて作られているといわれています。

＊パンにスープをつけて食べても構いません。パンは、一口大にちぎり、手に持ってつけても良いです。

❹ パン　一口大にちぎってから食べる

特に男性は、パンをちぎらずにそのまま口に入れたり、大きくちぎりがちです。小さめにちぎる理由は、すぐに噛んで食べられるからです。食事中もコミュニケーションの時間です。食べ物が口に入っている時に会話をするのは、失礼にあたります。口の中に入れる量は、少ないほうがすぐに食べられるため、会話もしやすくなります。

ちぎったパンの切り口は相手に見せないように手前に向けておきます。また、パン屑がテーブルに落ちても自分で片付けないこと。お店の人にお任せします。

バター

共有バターの場合

接待相手のトップの方から取り、順に回していきます。自分の番がきたら、他の人の分も配慮しながらバターを取り、パン皿の右奥に置きます。角切りになっているものは一つずつ取ります。

共有バターを取る時は、「お先に失礼します」や「失礼いたします」のひと言を伝えたのちに、取りやすいように、自分の近くに移動させてから取ります。

専用バターの場合

自分専用のバターがあれば、それを自由に使用します。一口大にちぎったパンに合う量を取り、バターナイフを使用してパンにつけます。

バターをつける時は、必ず、バターナイフに必要分を取り、それをパンにつけて食べます。絶対に行ってはいけないことは、バターナイフを使わずに、バターに直接パンをつける行為です。

❺魚介料理（ポワソン）　1つ目のメインディッシュ、淡白な料理が多い。

骨のない切り身魚は左端から一口大に切って食べます。

骨付き魚の食べ方

骨付き魚の場合は、ナイフで上身を外して手前に置き、左側から一口大に切っていただきます。上身を食べ終えたら骨を外し、奥に置いて、下身を左側からいただきます。下身を食べる時には、骨を外さず、裏返しにして食べないように気をつけましょう。

※フィッシュスプーンがある時は、ナイフ代わりにもなります。また、そのスプーンでソースをすくったりします。

❻グラニテ　口直しが目的の、さっぱりとした氷菓。

魚料理と肉料理の間の口直しとして出されます。シャーベット（ソルベ）が多い。

❼肉料理（ヴィアント）　2つ目のメインディッシュ。

牛や鶏、豚、羊肉のほか、季節によってはうさぎや鹿などの場合もあります。接待当日は、好みの肉料理を食べられるよう、事前にどの肉料理にするか、または苦手なお肉を接待相手に伺うようにしましょう。

ロースの場合、焼き加減に段階があります。生に近い状態からレア・ミディアム・ウェルダンの3パターンが基本です。焼き加減の好みを聞かれるので、すぐに答えられるようにしておきます。

基本の食べ方

左側から一口大に切り食べます。初めにお肉をすべて切り分けるのはNG。美味しい肉汁が流れ出てしまい、うまみが失われます。冷める原因にもなりますから、食べるときに、一口ずつ切っていきましょう。

ナイフは力まかせに切らず、前後に軽く動かすように切るのが美しい切り方です。

つけ合わせは、バランス良く、お肉と交互に食べるようにします。

❽サラダ　肉料理と一緒に出されることが多い。

葉っぱ系はナイフを添えながらフォークで食べやすくまとめて食べます。大きな葉は、ナイフで切っても構いません。

プチトマトなどは、フォークでしっかりと刺して口に運びます。それが難しい場合は、フォークのハラ（くぼんだ側）を上にして、その上にプチトマトをのせて食べても良いです。

❾チーズ（フロマージュ）　2～3種の盛り合わせが出てくることが多い。

チーズのことをフロマージュともいいます。料理がひと通り終了し、ワインを味わいながら、楽しく会話をするひとときです。お店によっては、コースについておらず、オプションとなるケースもありますので、必要なら、事前に確認をしてください。**接待相手がチーズやワインがお好きな場合は、用意しておくほうが好ましいです。**

左から一口大に切って食べます。ハードタイプのものは、手で持って食べても構いません。

⑩デザート（デセール）

プリンや焼き菓子、アイスクリームなどが盛り合わせになっているデザート。

デザートも基本は、左手前から時計回りに食べていきます。アイスクリームなど溶けやすいものは、溶ける前に優先して食べます。

焼き菓子は、アイスクリームやシャーベットなどで冷たくなった口の中の温度を整えるもの。薄い焼き菓子は手で食べても構いません。

ケーキ類は、フォークとナイフを使用して食べます。ソースと一緒にすくって食べても良いです。

⑪カフェとプチフール　最後のメニュー。

デミタスカップの濃いコーヒー（エスプレッソ）や、レギュラーコーヒー、紅茶などを好みでオーダーします。

ソーサーの手前にスプーンがついてきたら、まず、そのスプーンをカップの奥、ソーサーの上に置きます。これが「今から飲みます」「今、飲んでいます」のサインとなります。

コーヒーは、砂糖やミルクを入れて飲む人であっても、最初の一口は、ブラックで香りと味を確かめます。その上で、好みの量を入れるのがマナーといわれています。これは、作り手に対する敬意の表し方のひとつです。

最初に砂糖を入れてかき混ぜます。次にミルクを入れますが、ミルクはかき混ぜず、自然になじませます。

カップの持ち方

取っ手を親指とその他の指で挟むように持ちます。取っ手には指を通さないのが基本。ただし、大きめのカップで出てきて、指でつまむだけでは持てない場合は、その限りではありません。

また、カップは必ず片手で持ちます。もう一方の手を添え、両手で飲むのは「冷めていて美味しくない」というサインになるので要注意です。

コラム

接待で使える、お酒の知識２　食前酒・ワイン・食後酒

食前酒

食欲をアップさせるには、辛口でライトなスパークリングワインや、スペインのシェリー等、アルコール度数の高いものがお薦めです。

食中酒

オードブルやメインには、辛口の赤・白のワイン。パスタには料理に使用したワインと同様のものか、やや格上のワインを。郷土料理には、その地域特産のワインが合うといわれています。

赤ワイン

黒ぶどうで造る赤ワインは、果皮や種に含まれるタンニンの渋味が特徴。豊かなコクがあるのも魅力。

白ワイン

白ぶどうの果汁を発酵させた白ワインは、甘味と酸味のバランスが味の決め手。料理と味わうのはさっぱりとした辛口がお薦め。

ロゼ

黒ぶどうを使って醸造する途中で果皮や種などを除いたロゼは、渋味が少ないフルーティーな味わいが特徴。合わせる料理を選ばずに飲める。

ハウスワイン　お店が用意しているお薦めのワイン。リーズナブルな料金で楽しめる。

食後酒　食後の健康やデザート感覚で飲めるワイン類がお薦め。

(例) イタリアのヴェルモット――ワインに、胃をすっきりさせる香草や薬草の成分を配合したもの。

ポルトガルのポートワイン――甘く風味が強い。

ドイツのアウスレーゼ――甘いワイン。

中国料理編

日本ではよく中華料理と言う言葉を耳にしますが、**接待時に利用するのは、中華料理店ではなく、中国料理店となるでしょう**。

一般的に、中国料理店は、中華料理店に比べて高級です。また、シェフは、中国人が多く、料理も本場中国の料理となり、北京ダックやフカヒレなどの高級食材を使用したメニューがあります。そして、個室や円卓もあるのが、中国料理店です。

一方、中華料理店は、ラーメンやチャーハンなどの気楽に食べられるメニューがほとんどです。

このように、中国料理店は、高級でありながらも、円卓で親睦を深めやすく（円卓でない場合もあります）、みんなで和気あいあいと楽しめる雰囲気があるので、人数が4名以上となる接待には特にお薦めです。

また、紹興酒などのお酒も好きな方は喜ばれますので、お酒も楽しみながら、場も盛り上がりやすく人気です。ただし、洋食や和食のお店と比べて、リラックスできる雰囲気となるため、気が緩まないよう、あくまでももてなしの接待であることを忘れないよう心がけることが大事です。

もともと、中国のひと達は、相手に対するもてなしの精神が大変強いのです。だからこそ、食べ物の量が多く、食べきれないほど、たくさんもてなしをしていただきました、という意味を表すために、残すのがマナーとなっているわけです。すべて綺麗に食べてしまったら、量が足りなかった、すなわち、失礼という意味になってしまうのです。

中国料理店での立居振る舞い

フランス料理店や料亭などに比べて、食べ方の所作や、マナーに対して寛容なのが中国料理店です。荷物やご案内の仕方は洋食レストランなどと同じですので、ここでは、接待時に注意したい席次をお伝えします。

円卓の席次

中国料理店での席次も、基本は、出入り口に近い席が下座で、遠い席が上座です。円卓の場合は、最上座から見て左が2番目、右が3番目となり、以降、左右交互に4番目、5番目の順になります。

ただし、会議などの円卓の場合は、司会者や最上位の人から見て、次に上位となる人は、その右に座ります。その次の人は左となり、中国料理の時とは左右が逆になりますので、注意してください。

円卓席次の理由

中国では昔、皇帝は南に向かって座り、その位置から見て、陽が昇る東の左側を優位としたことから、中国では、左上位となり、2番目の人は、最上位の人の左に、3番目は、右に位置することになりました。その後、中国では、右上位となる時代もあり様々です。日本では、左上位です。欧米では、右上位なので、会議などの円卓では、二番目の人は、右側に位置します。

中国料理・中華料理店での円卓の席次

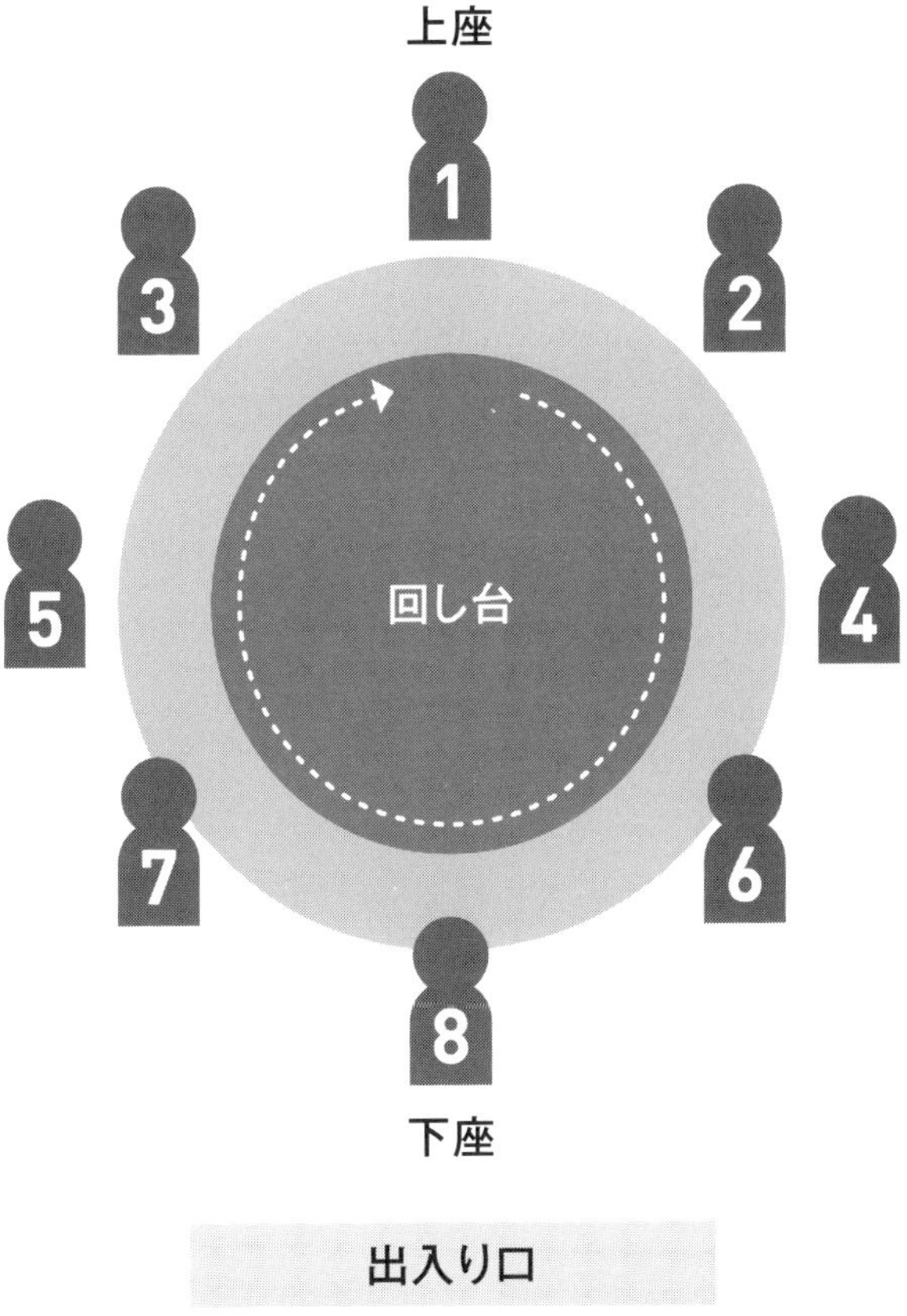

これだけは絶対！　中国料理の食べ方8大マナー

1 器や皿を持ち上げない

中国では、器や皿はテーブルの上に置いたまま食べます。受け皿代わりにレンゲを使います。

2 回し台は時計回り

料理は最上座に座っている主賓から取ります。その後、回し台を時計回りに回して皆でいただきます。

3 回し台には飲み物や使用済みのお皿は置かない

回し台には、大皿の料理と調味料を置きます。使用済みのお皿やグラス、また、倒れる可能性があるビールなどの飲み物も置かないように気をつけます。

4 基本は箸で食べる

中国料理も和食同様に箸で食べるのが基本です。ただし、チャーハンなど、箸で食べるのが難しい場合は、レンゲを使います。

5　1品につき1皿を使用

1品につき、1皿を使います。同じ皿を使うと味が混ざってしまうからです。

6　点心は一口大に切って

甘い物と甘くない軽食の2種類があります。箸や手で一口大に割っていただきます。

7　手が汚れたらフィンガーボウルを

手を使って食べる料理が出た場合は、手が汚れたらフィンガーボウルにつけて、ナプキンで拭き取ります。

8　自分が取った料理は残さない

自分で取り分ける場合は、自分の皿の料理は残さないようにします。したがって、自分が食べられる分だけ取るようにします。

接待などでは、お店の人が取り分けてくれると思いますので、お店の人に任せます。

円卓でのマナー

円卓での食事にもいくつかルールがあります。

大皿から小皿に取り分けます。接待で利用する高級なお店では、基本的にお店の人が取り分けて、接待相手の最上位の人から順に置いてくれますから、お任せします。

万が一、料理が大皿に残る場合は、回し台などにそのお皿が置かれますので、おかわりをする時には、まずは接待相手の最上位の人が料理を取ります。その後、最上位の人から見て左に回し台を回して、順に料理を取っていきます（ただし、反時計回りに回せばすぐに取れる料理であれば、そうしても良いでしょう。その時は、「回してもよろしいですか？」のひと言も忘れずに）。

最初の料理は全員の小皿に料理が行きとどいてから主賓から食べるのがマナーです。自分の前に料理が回ってきたら、自分の右隣の人には、「ありがとうございます」とお礼を伝え、左隣の人に「お先に失礼します」と言って、座ったまま料理を取ります。他の人の分まで取り分けないのが基本ですので、気をつけましょう。

自分が取り終えたら、テーブルをゆっくり回して隣の人の前に料理がいくようにします。他の人へ配慮し、多く取りすぎないように気を配ります。

また他の人が料理を取っている時にテーブルを回さないこと、サーバーの柄をターンテーブルからはみ出して置かないように注意することも忘れないようにしましょう。

食器などのスマートな使い方

お皿の使い方

しょうゆや酢は取り皿とは別の小皿に入れ、好みの量を調合します。料理の味が混ざらないように、料理ごとに取り皿を取り替えるのが中国料理です。大皿は重いので持ち上げると危険です。必ず取り皿を大皿に近づけて取り分けます。

お箸の扱い方

中国式では、ナイフやフォークのように縦にして箸を置きます。

箸を真横に置くと食事終了の合図。ただし、最近では日本式に横に置く店も増えていますので、食事休みの時には、最初に箸が出された向きにすれば、問題ありません。

●レンゲの扱い方

レンゲは、くぼんだところに人差し指を入れて、柄の部分を親指と中指で挟むようにして持ちます。食べる時はレンゲの先を口に持っていき、口とレンゲが垂直になるようにして食べます。レンゲはスプーンとして使用する他に、麺類などの汁を受ける受け皿代わりにも使われます。

スープを飲む時は利き手で、麺類を食べる時は利き手に箸を持ち、反対の手でレンゲを持って小皿の代わりにして食べます。

つゆ入り麺の食べ方

レンゲを受け皿の代わりに使うのがポイントです。

まず麺を箸で取り、レンゲに麺を入れ、受け皿代わりにして食べます。具は箸で取り、レンゲにのせ、そのままレンゲを口へ運ぶと汁がたれません。

また、箸で取って食べても良いです。お椀に直接口をつけて食べないように注意してください。

中国料理のフルコース

●前菜　バンバンジーやくらげなど、冷菜の盛り合わせや温菜の盛り合わせ。

何種類かの前菜が盛り合わされている場合もあります。その時は、一度に、全種類の前菜を皿に取って良いです。ただし、苦手なものは無理に取る必要はありません。

●乾杯　紹興酒やビールが一般的。

お酒は前菜の途中か終わり頃に招待主が主賓から順に注ぎます。全員に行き渡ったら起立をし、「乾杯」の合図でグラスを右手に持ち、左手を底に添えて、額まで掲げ、すべて一気に飲み干します。

一気に飲み干すことで、友好と感謝の意を表します。中国ではお酒を楽しくたくさん飲むことで、親交の意を表しますので、接待相手が中国人の場合は、どんどん飲むほうが好まれます。

●スープ　ふかひれの姿煮やつばめの巣のスープなどが代表的。

玉子スープなど軽めのものは、麺やごはんの前に出てきます。

スープは、大鍋や大きいボウルで出てくるので、自分の器に取り分けます。食べる時には、器をテーブルに置いたままで、持ち上げません。左手を椀にそえ、右手でレンゲを持ちます。スープをレンゲですくって口元まで運び、レンゲの先を口につけて食べます。レンゲを口の中に入れないように要注意です。

●主菜　メインディッシュ

北京ダックや蒸しエビなど、肉・魚介・野菜の料理が調理法を変えて、4～5品出

コラム

接待で使える、お酒の知識3　中国酒

紹興酒

もち米やうるち米などを原料に造られる醸造酒で「黄酒」（ホアンチュウ）というお酒の一種。

老酒（ラオチュウ）

黄酒を5年以上熟成させたもの。食欲増進の効果がある一方で、消化を促します。

白酒（パイチュウ）　とうもろこしなどの穀類を醸造・蒸留して造る。

果酒（クアチュウ）　果物を発酵させたもの。

碑酒（ピーチュウ）　中国のビール。

紹興酒の飲み方

日本では砂糖を入れて飲む光景を見かけますが、中国では質が良くないお酒を飲む時以外は入れません。

てきます。接待では6~8品くらいのコースにする場合もあります。

北京ダックは皮の上に味噌をぬり、ダック・ねぎ・きゅうりを、中央より少し上にのせると具がはみ出さずに綺麗に巻けます。次に、具を包むように左側を折り、続いて下側を折ります。下側をしっかりと折ることで味噌がはみ出てこぼれてしまうということがありません。最後に右側を折ります。その後、手に持ち、皮が折り重ねてある側を上にして、開いているほうから食べます。

●麺・ごはん　食事の締め。

焼きそば・ラーメン等の汁そば、チャーハン・おかゆなどのごはんものが代表的です。焼きそばやラーメンなどの麺類を食べる時には、レンゲを小皿代わりに使用します。チャーハンやおかゆは、利き手にレンゲを持って食べます。

●点心　デザートのこと。

杏仁豆腐やマンゴープリン、ごま団子のような甘いデザートのほかに、春巻や小籠包、まんじゅうや餃子などの軽食もあるので、食事代わりにもできます。

ちなみに「飲茶」は香港で発達した料理で、中国茶を飲みながら点心を食べること。飲茶の起源はさかのぼること、唐の時代。当時はナッツ類やお菓子がお茶受けに用いられ、お茶を楽しむことに重点が置かれていました。

現在の飲茶は、中国茶を飲みながら点心をつまむスタイル。中国では、お茶を何杯も飲みながらの歓談が楽しみとされていて、飲茶のお店が社交の場となっています。

飲茶は、小皿の上にのせ（小皿がなければレンゲを使用）、お箸で食べやすい一口大の大きさに切って食べます。

中国茶　何杯でもおかわり自由

中国茶は、茶葉の銘柄・地域・茶器などによっていれ方が異なります。中国料理店では、お茶の葉が入った急須が回し台に置かれ、自分で注いで飲むのが正式です。そのまま注ぐだけですぐに飲め、何杯でもおかわり可能です。

急須にお茶がなくなったら、急須のふたを裏返しにするか、ずらしておけば、お店の人がおかわりを持ってきてくれます。

ふた付きの茶碗の飲み方

ふた付きの茶碗の中には、茶葉が入っているので、飲む時は、茶葉が口に入ってこないように、ふたを少しだけずらして、その隙間から飲みます。

おかわりをしたい時は、茶碗にお湯を注ぎ、ふたをして蒸らします。

コラム

代表的な中国茶の種類

中国茶は、種類が豊富で味も香りも様々。種類は発酵度合いによって分けられます。

黒茶《くろちゃ》　プーアール茶など。消化促進、脂肪燃焼の効果がある。

緑茶《りょくちゃ》　日本の緑茶に似た爽やかな味わい。中国茶でもっとも飲まれている種類。

青茶《せいちゃ》　代表的なものは烏龍茶。血液中の中性脂肪を減少させる作用がある。

紅茶《こうちゃ》　燻製したような独特の香りと風味が特徴。渋味や苦みがない。

黄茶《きちゃ》　生産量が少なく、高級茶とされている。

白茶《しろちゃ》　高級茶。ソフトでデリケートな味と清らかな香りを持つ。

お酒のマナー

接待にはお酒はつきものと言っても過言ではないくらい、お酒は接待を成功させるための重要アイテムとなり得ます。

適度なアルコールは、その場を明るく楽しい雰囲気にしてくれます。特に、お酒好きな方であればなおのこと、その場が盛り上がることでしょう。とはいえ、そこに、マナーが欠けてしまうと、プラスにはたらくお酒が反対方向にぶれてしまう可能性もあります。そのような残念な接待にしないためにも、お酒のマナーもしっかりと身につけておきましょう。

お酒とひと言でいっても、お酒には日本酒や焼酎のほか、ビール、ワインなど様々な種類があります。それぞれのお酒の特徴や飲み方、楽しみ方を覚えておくのも、接待を含め、楽しく人と食を共にするときに良いコミュニケーションをとるためのマナーのひとつです。

例えば、ワインを選ぶ時のひとつのアイデアとして、料理と同じ地方で作られたワインをオーダーするという法則もあります。このような知識がマナーとなって、あなたの成功に生かされるのです。

乾杯の仕方

1 全員にお酒が注がれたら、グラスを持つ。

2 接待の場合は、接待する側の上席が乾杯の音頭をとる。
「本日はご多忙のなか、お越しくださり、ありがとうございます。よろしくお願いいたします」など簡単に挨拶をして、「乾杯」と言う。

発声のひと声ののちに、全員、目の高さまでグラスを上げ、接待先の上席の方、次席の方の順に目を合わせ、会釈をしてから、一口飲みます。

飲めない人はグラスに口をつける程度におこないます。

ビールグラスの場合は、利き手でグラスの下のほうを持ち、もう一方の手を底に軽く添えます。相手のグラスよりも、低い位置になるようにします。

3 一口飲んだら、グラスをテーブルの上に置く。お祝い事などの接待時には、グラスを置いた後に拍手をします。

※正式には、グラス同士を合わせて「かちゃーん」と音はたてません。しかし、先方がグラス同士を合わせる動作をおこなおうとしたら、それに合わせます。本来、グラス同士を合わせないのは、グラスに傷をつけたり、割れたりする可能性があるからです。

乾杯は全員と杯を合わせる？

宴席冒頭の乾杯時は、その場で周囲の人と目を合わせ「乾杯」を伝え合えばOK。このときに、席を離れてまで、グラス（杯）を合わせる必要はありません。

席が離れている人に挨拶に伺いたい場合には、全体の挨拶が終わり、自由な時間になってからであれば構いません。ただし、同じテーブルの人に失礼のないよう、周囲の人にひと言、挨拶をしてその場から離れるのがポイントです。

お酒が飲めないときは?

お酒が飲めなくても、乾杯時にはグラスを持ち、口をつけるしぐさを見せましょう。その後、またお酒を勧められたら、「ありがとうございます。ただ、申し訳ございません。私、お酒はたしなみませんので（不調法なもので）、ほんの少しだけいただきます」など、お詫びの言葉とともに、飲めないことを正直に伝え、少しだけ注いでもらいます。

また、もう十分いただいた……と思ったら、片手をグラスや盃に軽くかざし、柔らかい口調で「ありがとうございます。もう十分頂戴いたしました」とお礼とお断りの言葉を述べます。迷惑そう、困ったような表情はしないように。

お酌の仕方と注ぎ方・注がれ方

●ビール

注ぎ方のコツ

ラベルを上に向けて、両手で注ぎます。グラスに瓶をつけないように注意してください。注ぎはじめはやや勢いよく、その後、泡が立ちすぎないようにゆっくりと注ぎます。泡は、グラス上部3分の1程度にあると見た目も美しく美味しく飲めます。

注いでもらうときに注意すべきポイント

グラスは両手で持ち上げて注いでもらいます。利き手でグラスの下のほうを持ち、左手の指先をグラスの底に軽くあて、お酌を受けます。

本来グラスはまっすぐに持つのが基本です。泡が綺麗に立ちやすいように、グラスを少し斜めに傾け、半分くらい注がれたら、ゆっくりとまっすぐにしても良いのですが、これは日本人の相互への配慮からなる所作で、海外ではあまり見かけない光景です（海外のビールは、泡があまり立たないビールが主流だったこともあり、注がれる時にグラスを斜めにするようなことは、元々はなかったようです）。

目上の人から注いでもらう時には、「恐れ入ります」、同等や目下の人の場合は「ありがとうございます」と上体を15度ほど前傾させ、有り難く注いでもらいます。

日本酒

注ぎ方のコツ

銚子の下のほうを上から持ち、もう片方の手は、下から支えます。熱燗は、布巾をあてたり、銚子の首の部分を持つと安全です。

注ぐ量は、杯の8〜9分目くらいまで。注ぎ終える時は、下に添えてある布巾を注ぎ口の下まで持ってきて、お酒がたれないように押さえて、たれを防ぎます。

杯に注いでもらうときに注意すべきポイント

利き手の親指と人差し指でお猪口《ちょこ》の上部を挟むようにして持ち、残りの指は軽く添えます。もう一方の手の指先は軽く底に添えると丁寧です。

接待では、男性も両手で注がれることをお薦めしますが、接待を受ける側の男性が片手で粋に持つ場合は、利き手の親指と人差し指でお猪口《ちょこ》の上部を挟むようにして持ち、中指は横に、薬指と小指は底に添えて持ちます。

注いでもらう時は、上体を約15度前傾させて、感謝の気持ちを伝えることで好印象になります。お酌を受けたら、一口いただいてからテーブルに置きます。

●ワイン

正式な場では、ワインはお店の人に注いでもらうのが一般的です。接待では、ある程度高級なお店に行くと思いますので、お店の人が注いでくれるとは思いますが、懇親を深めたいという理由から、接待をする側が注ぐこともあるかもしれません。

自社の飲み会などカジュアルな飲み会では、互いに注ぎあっても問題ありません。

注ぎ方のコツ

ラベルを上に向けて注ぎます。基本は片手で注ぎますが、難しければ、もう一方の手にナプキンを持ち、瓶の下から支え、両手で注ぎます。グラスの半分程度まで入れたら、瓶を少し右に回し、添えているナプキンで注ぎ口の下を押さえ、たれを防ぎます。

ワインを注いでもらうときに注意すべきポイント

グラスには一切触れずに、テーブルの上に置いておくのがマナーです。注いでくれた人に「ありがとうございます」とお礼を伝え、軽く会釈をします。

「手酌でいい」と言うお客様や上司には？

「手酌でいい」と言うお客様や取引先担当者、上司には、無理にお酌をしないのがマナー。お酌をしようとして「手酌でいいから」と言われた場合には、「失礼いたしました」と会釈をし、「○○部長のペースがございますものね。いつも手酌で飲まれていらっしゃるのですか？」などの会話を続けると良いでしょう。

接待や会食、飲み会はコミュニケーションの場です。このような場で、相手の好みを知ることで、今後のコミュニケーションに生かすことができます。

次の機会に、「本日はいかがでしょうか？」と言って、お酌をしに行くと、自分の嗜好を覚えているデキる人財として評価してもらえるかもしれません。

また、このように会話を続けることで、相手の飲物が減ったら「手酌がよろしいかとは存じますが、一杯、いかがでしょうか」と再度勧めると、案外、受けてくれることもあります。お酌を受けてもらえると嬉しい気持ちになりますね。

一方、お酌を断われても落ち込むことはありません。相手は自分のペースで飲みたかったり、体調があまり良くないという理由があるかもしれません。相手を思いやる気持ちを持ち続け、**お酌はしなくても目配りは必要です。瓶の残量に気を配り、残り少なくなってきたら新しい瓶を持っていく**など、お酌をする以外の心配りを忘れない配慮が大切です。

このように、断られたとしても、それに関係することを実行することであなたは評価される人財となれます。断られたことをチャンスにつなげましょう！

第5章

短い時間を最大に有効活用する「会話術」

どんな相手とでも会話がしやすくなるコツ

接待中は、「相手を退屈させてはいけない」「こちらからお誘いしたのだから、相手にとってプラスとなる話をしなければならない」など、自分なりに善かれと思うことを話そうとします。

しかし、その気持ちだけが先走り、気がついたら早口で、自分だけが話し続けていたとか、「ここだけの話ですけど」「オフレコでお願いしますね」などと前置きをつけて話を進めることは、「独りよがり」「自己中心的」「信頼に値しない人」などのレッテルを貼られてしまう危険があります。

会話は、もちろん大切です。だからこそ、会話に関しても、事前にそのマナーを習得し、失敗しない接待での会話術を身につけてください。

どんなに外見や所作が完璧でも、**接待という大人のやり取りが繰り広げられる空間**

で**肝心なのは、何と言っても対面中の会話の内容**です。

見た目や所作は自分ひとりが頑張れば一夜漬けでもできますが、会話はそうはいきません。相手が存在するからです。接待での会食は、少なくても2時間から2時間半は同じ空間を共にします。この間の、相手の反応や質問内容は予測不能です。

相手様に喜んでいただけるおもてなしをするのが接待です。それには、会話の仕方や内容も含まれます。

本章では、実際の食事中にどのような会話をすればその接待の目的を達成でき、成功接待という結果を出せるのか、その秘訣をお伝えします。

「何を話せばいいのでしょうか？」

マナーコンサルティングのクライアント先から、

「接待では何を話せばいいのでしょうか？」

という質問をよく受けます。

先にもお伝えしたとおり、接待とひと言でいっても、大企業同士の接待なのか、中小企業、個人事業主の接待なのかなど、会社の規模や、状況・目的などに応じて、その内容は様々です。

たとえば、大手企業の多くは、接待中は、具体的に契約に持ち込むような話をしないのが暗黙のルールとなっています。

一方、中小企業や個人事業主などの場合は、できればその場で、直接収益につながる話をしたいと思うのが、本音だとも思います。話の流れからチャンスをつかみ、自社の具体的な商品やサービス内容を伝え、先方の反応をみて、相手がのってくれば、さらに具体的な説明になることもあるでしょう。

大手企業、中小企業などと分けてお伝えしましたが、これも一概にそうとは言いきれないケースもあります。自社のルールや方針を軸に、その場の流れで臨機応変に話を展開できる柔軟性のある応用力、対応力なども、日頃から意識をしておくと良いでしょう。

とはいえ、接待では、先方をもてなし、喜んでいただくことが第一です。スマートな接待、次につなげる接待という意味においては、この場で具体的な商談の話をするのではなく、「自身を通じて、自社を信頼してもらうこと」や、「この人が薦める商品、製品、サービスであれば、契約してもいいかな」と思ってもらえることが重要でしょう。

そのためには、最低限、失礼のない言い方や、言葉づかいは元より、「また会いたい」「今後もつきあっていきたい」などと思っていただけるよう、場を楽しく盛り上げたり、段取りの良さや誠実さが伝わるような会話の内容と話し方を身につけておきましょう。

「とりあえずビール」とわかっていても、相手に確認

互いに挨拶を終えたら、乾杯をします。

まずはドリンクのオーダーを伺うことになります。あらかじめ、ビールだとわかっていても、必ずお客様のご要望を伺います。この場合、**お客様が好むメーカーや銘柄の用意がない、などの事態にならないよう、事前の確認は念入りに行ないます。**お客様が心地よく思わない、口に合わないものは、絶対にお出しすることのないように、細心の注意をはらうようにしましょう。

ドリンクのオーダーは、お店の人が直接、先方に伺い、お店の人に直接伝えてもらうか、接待する側の代表者が、お客様のご要望を伺い、まとめてお店の人に伝えるかは、その時のお店側の対応によります。

お店側も、大事な接待であることを心得ているはずです。

一般的には、「最初のお飲物はいかがいたしましょうか？」と聞いてくれます。それに対し、接待する側は、あらかじめ得ている情報をもって「最初はビールからでよろしいですか？」などとお客様に確認をし、回答を得てから、オーダーをします。

メーカーや銘柄は、先方の会社との関係などで明らかであれば、それをオーダーします。特にない場合は、お好みとなるので、事前に情報を得ている場合は、「○○のビールでよろしいですか？」と確認します。もちろん、主賓がビールの苦手な人であったり、体調の都合などで飲めない場合は、他のドリンクにします。

このような会食の場では、沈黙の時間がないように、上手く間をとりながらも、接待をする側が、話題が途切れないよう配慮する手腕が問われます。

無難な話か共感する話で、場をあたためる

会話は、そのスタート時が緊張もしますし、何を話題にすればいいのか、困ることもあります。一般的にいわれていることではありますが、まずは、季節や天候の話が無難でしょう。

乾杯のドリンクがくるまでは、**差し障りのない天候**などの話をします。しかし、世間の**みんなが知っている大きな話題となるニュース**がある場合には、その話題でも良いでしょう。

たとえば、「いやー、それにしても○○選手は見事でしたね！　これで、5回連続の金メダルですね！」などおめでたい話題を最初にもってくると、その場も明るい雰囲気になり、自然と笑顔にもなれます。

乾杯の後、ドリンクをひと口飲んだら、お互いの緊張も、少しだけほぐれます。先方が「美味しいですね！」などの感想を言ったら、「それは良かったです。こうして

皆さんといただくと美味しさも倍増します」などと、美味しいとおっしゃってくださったことに対し、謙遜からの否定ではなく、**肯定のひと言**を伝えます。

また、「美味しさ倍増」など、**相手の感想に対して同調・共感のフレーズ**を伝えることにより、あなたにプラスの感情が芽生えます。共感されて嫌な気分になる人はいないでしょう。

飲み物や料理の話は欠かせないネタ

接待での会食時のマナーのひとつとして、**接待される側は、飲物や料理などを通じて、お店を褒めることをします**。

接待をする側はそれに対して応えていくので、会話のネタとして、飲物や料理は会話には欠かせないネタのひとつとなり得ます。言い換えれば、万が一、話題に困ったら、目の前にある飲物や料理に関する話をすれば良いわけです。また、グラスや器、室内の装飾などを話題にしても構いません。

例

「次は、何か他のお飲物になさいますか？」

←　**ドリンクメニューを持ってきてもらったり、ドリンクを選び、オーダーする時間につなげることができる**

「○○社長おすすめの、このワイン。今までに飲んだことのないフルーティーなお味で、とても美味しいです」

←　**相手が選んだお薦めの飲物などを褒めることで、相手はそれについて話を続けてくれる**

「この食材は何なのでしょうかね。珍しいですね」

←　**その場のみんなが同じことを考える。もし、誰もわからないときは、お店の人に伺い、お店の人も会話に巻き込むことも可能**

「しいたけを見ると田舎を思い出します」

↓

食材から、出身地などの話に触れることが可能となる。一人が話せば、他の人の出身地を伺ったりして、会話が続く。

また、主役の出身地の話から、その人の家族構成や、幼少期の話などの昔話につなげていける。幼少期に得意だったことや、今に至る経緯など、普段聞けない話を聞くことができる

お酒を飲みながら、美味しい料理を食べることで、接待を受ける側は、さらに気持ちもほぐれ、心の扉を相手にひらきやすくなります。心の扉をひらいていただければ、その後の関係がスムーズになります。接待の場を通じて、よりいっそう、相手様の心の扉をひらき、今後、一緒に仕事をしたい、仕事を依頼したいと思っていただける言動を続けます。

接待会話の4つの鉄則

接待は、エグゼクティブの上司と部下のペアでおこなうケースも多々あります。また、役員同士のエグゼクティブのみの場合もあります。

このような接待の場で、願わくば満塁ホームランを打ちたいと思う気持ちはわかりますが、実は、接待では**「無難」が一番**なのです。へたにチャレンジをしないことが、最終的に成功したといえる接待となります。

接待をする側のあなたが満塁ホームランを打ってしまっては、相手に華をもたせることができないからです。接待が終わった後に、あなたの発言が語り継がれてはいけないのです。

常に相手にホームランを打たせるような球を、投げることが重要です。要は、あなたが会話の誘導役となるのです。それが結果的に、あなたがホームランを打ったこと以上の価値として存在することになります。

相手も本物のエグゼクティブであれば、それくらいのことは言わずともわかっているはず。心のなかで脇役にまわったあなたを高く評価することでしょう。そのお礼は、その後のおつきあいや取引に反映されるはずです。

このように、接待の場では、あなたの人としての器や度量が問われます。真の意味における人間力は、常に相手優先の真心あるマナー力から生まれるのです。

ここでは、当たり前と思うことかもしれませんが、あえて地雷を踏まないよう基本に立ちかえりつつも、接待に活かせる会話例をご紹介します。

1 一般的な会話の流れを知る

・あいさつ
・天候や誰もが知っている明るい話題のニュースなど

2 目の前の共通点の話で共有感を得る

・お店や料理の話
・服装や小物の話

例

（接待側）「○○さんのネクタイの柄、富士山ですか？」

（される側）「そうなんですよ。よく気づいてくれたね！　今日は和食と伺い、文化遺産に登録された和食と富士山をかけてみたんだ！」

相手のさりげない気遣いに気づき、それを言葉で伝える。ここで間違っても、「もしかして、今日は和食だから、文化遺産つながりで富士山なのですか？」と、ネタバラしを相手より先に言わないこと。相手に言わせるように誘導し、「さすがですね…」と持ち上げる結末にする。

3 個人的な話題で心をひらき合う

・好きな飲物や食べ物
・趣味
・出身地
・家族やペット

外国人との会食では、家族の写真を持っていると良い。特に、欧米人は、家族の写真を見せてくれる。ただし、こちらから、写真を見たいというのではなく、「素晴らしい息子さんですね！　お顔を拝見したいですよ」などと促し、先方から写真を見せてもらえるよう誘導すると良い。ペットも同様に写真を見て褒める。
☆家族やペットの話での注意点
離婚や死別などの経験がある場合は、それを思い出させることになりかねないので、慎重に対応する必要もあります。

4 経済情勢の話から業界の情報交換・社会情勢、ニュース等から、会社の情報を得る

世界、日本の経済情勢
↓
互いの業界の現状　→　情報交換
↓
社会貢献事業、ＣＳＲ、スポンサーなどの情報

例
「そういえば、御社は、○○選手のスポンサーをなさっていたかと……」
「そうなんですよ。好感度も抜群の選手でしたから、引退して残念なんですよ」

←という会話などから、その会社との直接取引以外の話題で、相手の会社の情勢や今後の動向を伺い知ることにつなげる。この延長線上に、今後の仕事でのつながりや、成約などにつながるヒントを得る。

また、その場で知り得た情報があれば、「そういうことであれば、実は、来月から弊社にて今、おっしゃったことのサポートをおこなう新製品が完成します。ご迷惑でなければ、製品が完成したら、一度、ご覧いただく機会を頂戴できればと思いますが、いかがでしょうか？」などと話をつなげていく。

自分にわからない話の展開になったときは…

わからない単語や名前、内容などが出てきたら、「勉強不足で申し訳ありません。どのような意味なのでしょうか」と正直に質問しましょう。恥をしのんで「教えていただけますか?」と教えを乞う姿勢は、好感をもってもらえます。

料理のことなども同様で、わからないことがあれば、お店の人に伺い、会話に入ってもらうことでその場が盛り上がります。

相手が話をしている時には、相手の顔を見て、あいづちをうちます。お箸やカトラリーを持っていても良いですが、食べ物は口に運ばないようにしてください。

会話が進んでいく中で、もしかすると、相手から具体的な案件の話をしてくることもなきにしもあらずです。

そのような場合は、お箸やカトラリー、グラスなどを置き、「○○社長、恐れ入ります」とお礼を言って、お辞儀をします。そして、例えばですが、「社長、そのお話、ぜひ、お役に立てればと存じますので、早速、進めさせていただいてもよろしいでしょうか?」と伺い、承諾を得たら「ありがとうございます」と言って深くお辞儀をし、「社長、どうぞ」とお酌をします。

続いて、相手があなたにお酌をしてきたら、「恐れ入ります」と言って、それを受け、目と目を合わせ、再度、乾杯をします。グラスやお猪口《ちょこ》は両手で持ち、乾杯をした後は、額の前に掲げ「頂戴いたします」とおしいただいた後、相手が飲んでから、自分も口にします。

接待の場では、この程度にとどめておくことをお薦めします。

お酒が入る接待の場では、金銭に関わる取引や契約の話は控えるほうが無難です。

「あれはお酒の席での話ですから……」「そんなこと言いましたっけ？」「その話はまたゆっくりと」などと後味の悪い結果になることは、互いにとって避けたいでしょう。

また、日頃、数字のことばかり考え、追っているビジネスパーソンにとっては、このような時間だけでも、数字のことは気にせず、互いを知るための懇親やお礼の時間として楽しみたいと思う人もいるからです。

また、先の段階でとどめることで、相手はあなたに感謝して、良い気分でお酒や料理を楽しめるわけです。相手に楽しんでもらい、良い気分になってもらうことが接待の最大の目的ですから、これ以上は、後日、お酒の入っていない席で進めていきましょう。

このプチめでたい前々祝い的な乾杯の後に、「あー最高に美味しいです！」とか「社長のおかげで、お酒の味がさらに美味しく感じます！」などと相手が仕事の話をしてくれたことに対する感謝の気持ちを伝えることを忘れないでください。

気持ちは、言葉と表情、態度で伝え、表現しないと、相手には伝わりません。「せっかく、良い話をしてやったのに、あいつは、嬉しくないようだったな」と誤解されては、次はないものと心得てください。気持ちを素直に表現することが苦手だったり、気持ちを見透かされては負けだ、などの考え方もあるかもしれませんが、心と心をひらき合うための接待です。心（気持ち・思い）を、言葉と行動（表情・態度）で伝える。それが真の人間関係を築く第一歩であり、後悔しない生き方となります。

360度の目配り・耳配りを！

接待中に、黙々と食べるのは言語道断。そういう人は、社会人失格のレッテルを貼られてしまいます。食事をしながらの接待中も、常に360度、目配りと耳配りをして、次のようなことをチェックしましょう。

「360度なんて無理ですよ。180度の間違いじゃありませんか？」という声が聞こえてきそうですが、180度ではありません、360度です。自分の背中にも目がついているかのように全神経を研ぎ澄ましてください。

ただし、そればかりを意識しすぎて、飲まず食わずでもいけません。あくまでも自然に、スマートにおこないます。あっちへこっちへと、あたかも目配りをしている様子は、「話を聞いていない」「共に飲食を楽しんでいない」「協調性がない」など、逆効果な印象を与えてしまうこともあるので、要注意です。自然に目配り、耳配りができるよう、日頃から接待当日まで、毎日、意識をしてトレーニングしましょう。

確認事項

- □ お酒は足りているか?
- □ ソフトドリンクやお水、お茶などを求めていないか?
- □ 料理の運ばれてくるタイミングは遅くないか?
- □ 追加のお手拭きなどを必要としていないか?
- □ 冷暖房の温度や風量は適当か?
- □ 時間がおしていないか?
- □ お客様、取引先は楽しんでいるか?
- □ 上司や部下が困っていないか?
- □ あいづちや、必要な受け答えはできているか?

※気づいたことは、遠慮せず、恥ずかしがらずに、相手や周囲のために、率先した言動を試みましょう。それが最終的にはあなたに還ってきます。

一歩先いくチームプレー展開術

接待は、2名以上で参加することが一般的です。その場合、それぞれの立場、立ち位置を自覚し、特に接待する側は、そこで、チームプレーを発揮しましょう。それを見た相手様は、社内コミュニケーションが円滑な会社であると安心し、今後、一緒に仕事をしたいと思ってもらいやすくなります。

たとえば、役割分担を事前に決めておきます。

上司　部下に対して突っ込み役

部下　上司に対してぼけ役

というように。接待の最中は、この配役で演じきるのです。

また、接待時のお店のことなどを褒められたら、自分の手柄にせず、同行者の手柄にする。具体的に会話例で見てみましょう。

お客様「○○さんからいただいたお店までの案内メールが、大変わかりやすく助かりました」

上司の例「恐れ入ります。○○（部下の名前）、社長に褒めていただいて良かったな」

部下の例「恐れ入ります。▽▽（上司の名前）の指導のおかげです」

このようにチームプレーで会話が展開していけるのが理想です。

会話というのは、一方通行ではありません。だからこそそのチームプレー会話術なのですが、最後にもうひとつ、「互いがプラスになれる質問術」をお伝えしたいと思います。「聞き上手」は「話し上手」と言われます。聞く体制にもっていくには、自分から相手に対して質問をすることです。接待を受けたひと達に、「接待中に嬉しいと思うことはどういうときですか」と質問をしたところ、「自分に対して興味をもって質問をしてきたとき」との回答が多くありました。また、外国人は「日本人は話に興味を持って聞いてくれる聞き上手だから気分がいい」とも。質問をして、相手の話を興味深く聞く。これもマナーあるコミュニケーションであり、接待を成功させる会話術のひとつです。

そして、接待する側される側すべてがチームのような雰囲気になれたら最高ですね。

付録 接待時に使える「モノの言い方」の一流55

接待相手がどんな会社、どんな地位、どんな立場の方であっても、言葉ひとつで、あなたを見る目が変わります。

「正式な席できちんと話せる自分」「頭の良さを感じさせる聡明さ」「大人度を磨き上げる」ために、場面ごとにモノの言い方をまとめました。

質問でよく使うフレーズ

NG言葉	OK言葉
●知っているか確認する ○○を知っていますか？	○○をご存じでしょうか？
●わかったかどうか聞く おわかりになりましたか？	何かご不明点はございますか？
●少し聞きづらいことを聞く ○○を教えてください。	差し支えなければ、○○を伺ってもよろしいでしょうか？／差し支えなければ、○○を教えていただけますでしょうか？

褒めるときによく使うフレーズ

● **腕前を褒める**
部長はゴルフがおできになるんですね。／部長のゴルフはたいしたものですね。
↓
部長のゴルフの腕前は、素晴らしいです。

● **趣味の話を聞いているときの相槌**
へ～、そうなんですね。
↓
○○の世界って奥が深いんですね～。

● **アイデアを褒める**
そのアイデアもいいですね。／そういう考え方もありますね。
↓
ここまでは考えが及びませんでした。目のつけどころが違いますね！

● **知識の深さを褒める**
社長のお話は勉強になるので、いつも、朝礼などで使わせてもらってます。（許可なく、勝手に使用。自分のことしか考えていない印象）
↓
社長のお話は、毎回奥深く、素晴らしいです。社長のお話は、いつも学ぶことが多くて大変勉強になります。

● **相手から褒められたとき、褒め返す**
いやー、ソレは社長のことですよ。私は、褒められるとダメなタイプなんで……。
↓
過分なお言葉、恐縮です。これも社長のご指導のおかげです。
※褒められたら素直にお礼を。謙虚さは時に、相手が言ったことを否定することになるので要注意です。

依頼でよく使うフレーズ

NG言葉		OK言葉
●企画書や資料を読んでもらう		
読んでおいてください。	→	ご多忙のところ恐縮でございますが、企画書を作成いたしましたので、ご一読いただけますでしょうか？
●無理なお願いをする		
なんとかなりませんか？	→	ご無理を申し上げ、誠に恐縮でございますが、なんとかお取りはからいを願えませんでしょうか？
●依頼内容を検討してもらう		
考えておいてくれますか？	→	誠に恐縮でございますが、こちら、ご検討いただけますでしょうか？
●少し強く依頼する		
絶対に○○さんにして欲しいのですが。	→	ぜひお力を貸していただけると、大変ありがたく存じます。
●遠回しに依頼を伝える		
社長だったら、やってくれると思っているのですが……。	→	○○していただけると、ありがたいのですが……。
●商品を知ってもらう		
これが、弊社の○○シリーズです。	→	こちらが弊社の○○シリーズです。お見知りおきいただけると幸いです。
●取引先を紹介してもらう		
紹介してください。	→	お取りなしのほど、よろしくお願い申し上げます。

お願いでよく使うフレーズ

- **難しいことをお願いする**
  なんとかお願いします。→不躾ながら、ご無理を承知でお願い申し上げますが……。
- **強くお願いする**
  ぜひぜひ、お願いします。→ご了承くださいますよう、切に願います。
- **同情してもらい、お願いする**
  そこをなんとか……。→なにとぞ内情をお汲み取りいただいて、ご検討くださいますよう……。
- **改まったお願いをする**
  ちょっとお願いがあるんですが……→折り入ってお願いがございます。
- **対応をお願いする**
  なんとかしてください。→善処いただきたく、お願い申し上げます。

お願いを受け入れるときによく使うフレーズ

- **難しい仕事を引き受ける**
  ちょっと大変そうですが、やります。→及ばずながら、お手伝いさせていただきます。
- **自信がない仕事を引き受ける**
  できるかわかりませんが、やってみます。→ご期待に添えるよう努めます。

断るときによく使うフレーズ

	NG言葉	OK言葉
●要求を断るものの、今後もよい関係を続けたい	今回は遠慮（辞退）します。	大変申し訳なく存じますが、今回はお役にたてそうにございません。今後、別件でお役にたてるよう、尽力いたします。
●事情があって引き受けられない	無理です。／お引き受けできません（できかねます）。	誠に不本意ではございますが、お断りせざるを得ない状況でございます。申し訳ございません。
●相手の機嫌を損ねずに断る	とてもいい案ですが、お断りします。	せっかくのご提案にもかかわらず、お力に添えず申し訳ありません。
●スケジュールを理由に、誘いを断る	あーこの日は、娘のピアノの発表会なんですよ。	大変残念なことに、あいにく○日は先約がありまして……。
●相手が食い下がってきたとき	気持ちはわからなくもありませんが、申し訳ありません。	お気持ちは重々お察し申し上げます。しかしながら、なにとぞご了承いただければと存じます。
●謙遜して断る	私にはできません。少し考えてみますね。	そのような大役は、私にはもったいないお話でございます。

指摘するときによく使うフレーズ

●**すすめられたお酒を断る**
私、飲めないんです。
→ 恐れ入ります…。わたくし、不調法ですので、どうぞ、○○さん（といって、逆に注ぐ）。

●**ありがた迷惑な話を断る**
それは必要ないかな……。
→ お気持ちだけ、ありがたく頂戴いたします。

●**すぐに返事ができない**
ちょっと考えさせてください。
→ 大変申し訳ありませんが、一度社に持ち帰り、改めてご連絡差し上げてもよろしいでしょうか。

●**自分では決められない**
私一人では決められません。
→ 申し訳ございません。この件は私の一存では決めかねます。

●**考える時間がほしい**
少し考えてみますね。
→ 検討させていただきますので、少々お時間をいただけますでしょうか。

●**間違いを指摘する**
これ間違っていませんか？
→ 大変恐縮ですが、こちら、ご確認いただけますでしょうか？

●**発言が誤って受け取られたので、誤解を解く**
それは、そういうことじゃないんです。
→ 誤解を招くような言い方をしてしまい、誠に申し訳ございません。しかしながら、その件は……。

	NG言葉	OK言葉

提案するときによく使うフレーズ

	NG言葉		OK言葉
●自分の意見を述べるときの前置き	ちょっと言いにくいんですが……。	→	私見でございますが……。
●自分の意見を説明するときの前置き	説明しますと……。	→	私からご説明いたします。
●反対意見を述べる	××のほうが絶対いいと思います。	→	○○さんのおっしゃることはごもっともですが、××というのはいかがでしょうか？
●相手に考え直してもらうことを提案する	もう一度考え直してください。	→	よりよくするには、再考の余地があると考えております。

交渉するときによく使うフレーズ

	NG言葉		OK言葉
●相手の提案を聞く	それじゃあ、聞かせてください。	→	お話をお聞かせ願えますか？
●意図がわからないときの再確認	それで、一体何が言いたいんですか？	→	こちらの理解力の問題で申し訳なく存じますが、お話の趣旨が少々わかりかねます。
●要望を受け入れて、すぐに取りかかる	わかりました。そうします。	→	かしこまりました。早速、取りかからせていただきます。

●要望を快く受け入れる

これは良い話だから、やりますよ。
→ 願ってもないお話です。誠にありがとうございます。

同意・共感でよく使うフレーズ

●意見に同意する

そうですね。
→ おっしゃるとおりでございます。

●指摘を受け入れる

そうなのかもしれませんけど…。確かにわかりますが……。
→ ご指摘、ごもっともでございます。

●相手の事情に共感する

よくわかりますよ。
→ 部長のお立場、お察しいたします。

お礼でよく使うフレーズ

●相談に乗ってもらった案件がうまくいったお礼

何もお礼を言わない。
→ 先日、社長にご指導いただいた○○の件、おかげ様で無事に終了いたしました。ありがとうございました。

●相手の協力へのお礼

どうも。
→ ご尽力くださり、お礼申し上げます。／お力添えくださり、ありがとうございます。

●相手の厚意へのお礼

お礼を言わない
どうも。
→ ご配慮くださり、誠にありがとうございます。／お心配りをいただき、誠にありがとうございます。

お礼でよく使うフレーズ

	NG言葉	OK言葉
●時間を割いてもらったことのお礼	ありがとうございます。（何に対するお礼なのか、わからない）	お忙しい中、貴重なお時間を頂戴し、ありがとうございます。 私どものために、お時間を作ってくださり、誠にありがとうございます。
●いつもよりも強いお礼	どうもありがとうございました。	このたびのことは、誠に恩にきます。心より感謝お礼申し上げます。ありがとうございます。
●過去の出来事へのお礼	あのときはどうも。	その節はひとかたならぬご厚意を賜り、誠にありがとうございました。
●こちらからの提案を受け入れてくれたことへのお礼	よかった！　ありがとうございます。	誠にありがとうございます。心より感謝いたします。
●贈り物をもらったことへのお礼	どうも。	お心遣い、誠に恐縮に存じます。
●高価な贈り物や金銭をもらったことへのお礼	こんなにいいんですか！　どうも！	過分なお心遣いを頂戴し、誠にありがとうございます。

第6章

究極の真心を伝える「手土産・お見送り＆二次会」

手土産はここを考えて選ぶ

接待時には、手土産を持参することをお薦めします。貴重な時間を作っていただいたお礼や、楽しいひとときを記憶にとどめてもらうための意味があります。

接待をする側は、次の点を考慮し、手土産を準備します。

1 お越しいただいた方向け。基本的には、その人が自宅に持ち帰る
2 翌日会社へ持っていっていただくためのもの
3 個人向けと会社向けの両方を準備する

1の場合「お荷物になり恐縮ですが、どうぞ、こちら本日お越しいただきましたお礼でございます」

2の場合　「お荷物になり恐縮でございますが、こちら、どうぞ、会社の皆様と召し上がってくださいませ」

3の場合　「こちらは、会社の皆様へどうぞ。また、お荷物になって恐縮ですが、こちらは、どうぞ、ご家族の皆様と召し上がってください」など、会社用と個人用であることをきちんと伝えることが大切です。

なお、手土産を受け取る際には、その会社の規則によるところがあります。接待はあくまでも、会社 対 会社のものであるため、個人的な頂き物はしないようになどの規則がある場合は、いただいた物は、翌日に会社に持参し、上司に渡します。個人的に受け取っても良い場合は、自宅に持ち帰ります。

その場合でも、会社に報告しなければならないという規則がある場合は遵守します。

海外のお客様にも喜ばれる手土産のヒント

接待時の手土産としては、一般的には、食べ物が主流です。和食でもてなしたら、和菓子や佃煮などの和物を。洋食であれば洋菓子、中国料理であれば、中華系のまんじゅうなどにします。

食べ物以外の場合でも同様に、もてなした料理に関係する品が良いでしょう。例えば、和食であれば、お箸や和柄のランチョンマットなど、和風のものです。

私がおこなって喜んでいただいているのは、名入りのお箸をお贈りすることです。いつもお願いする名入り箸を製作くださるお店は、依頼をしてから約2週間ほどで納品してくれます。しかも、名入れはサービスでしてくださるので、追加料金はかからず、大変有り難いです。

接待は事前にわかっていることですので、時間的にも可能でしょう。このお箸の良いところは、1本ずつ、その内容を変えてくださる点と、その袋の中にもメッセージを印字して、お手拭きまで入れてくださる点です。

接待時やテレビ番組、ドラマや映画で和食マナーをタレントさんや俳優、女優さんに指導する時に、皆さんにプレゼントすると大変喜んでいただけます。そして、次に会うと、「先日のお箸、ありがとうございました」と必ずお礼を言ってくださいます。「毎日、使っています」「使いやすいです」「いつもロケ先に持っていってます」「もったいなくて飾ってます」等の感想までおっしゃってくださり、好評です。

また、これは、全国で開催している和食マナー講座の生徒様へのお土産にもしていて、このお箸目当てで参加くださる方がいるほど人気です。

接待時のお土産の場合

1本目　先方の会社名
2本目　ご本人のお名前
または
1本目　先方の会社名とお名前

2本目　接待する側の会社名

ノベルティの場合

1本目　自社名
2本目　自社の商品名　など

さりげなく伝えたいメッセージや、自社のPRができ、かつ実用的なものなので、双方にとってプラスになる、まさにビジネスの世界で必須のWIN－WINの関係が築ける手土産となります。

その他、懐紙に、自社の社名を印字したものを贈るなどすると良いでしょう。お箸も懐紙も、1000円以下で値段もリーズナブルです。

これは、海外の方にも大変喜んでいただけます。

外国からのお客様の場合は、ご家族のお名前なども、事前にわかっていれば、入れて差し上げます。先方に伺う前に、Facebookなどで調べてみて、ご家族の情報がわかれば、サプライズでお渡しすると、いっそう感激度は増します。

海外の方には、お箸以外でも和柄の小物なども喜ばれます。

ふろしきや扇子、和柄の布製トートバッグ、和柄のクリアファイルなども良いでしょう。


なかでも特に私がお薦めするのは、日本文化のひとつでもある「扇子」です。こちらも、扇面や親骨に名入れをしてもらいます。私は、扇面には会社のロゴを、親骨に相手様のお名前を入れたものを贈ります。箱は、桐箱にして、包装紙は和紙にするとさらに喜んでいただけます。

扇子を贈る場合は、会食中、お開きになる前にさりげなくお渡しします。そして、「よろしければ、開けてみていただけますか?」とお願いをし、開けてもらいます。扇子の開き方や、扱い方をお伝えします。日本の民族衣装である着物を着ている時は、顔をあおぐのではなく、開いている袖口をあおぎ、腕や脇に風を送るようにあおぐと、身体の温度が下がり涼しくなる、など、着物や浴衣を着ている時の扇子やうちわの使い方、所作をお伝えすると、さらに喜んでいただけます。

最後に、扇子は末広がりで縁起が良いものである、という話で締めると、これから良いことが起きそうだと、最高潮のお開きへとつなげてもいけます。

扇子の柄は、お相手が男性であれば、トンボ柄を選ぶようにしています。トンボは素早く飛び回って害虫を捕食し、また前にしか進まないので、「不退転（退くに転ぜず、決して退却をしない）」という精神の象徴として、「勝ち虫」とも呼ばれ、一種の縁起物として特に武士に喜ばれていたそうです。

扇子のよい面は、単なる土産物にとどまらないことです。歴史的背景を含む知識や、その場で所作をお伝えすることにより、一緒にその動きをすることができます。ここに、仲間意識も芽生え、今後のおつきあいにプラスに作用します。

私がよく利用する手土産

お箸

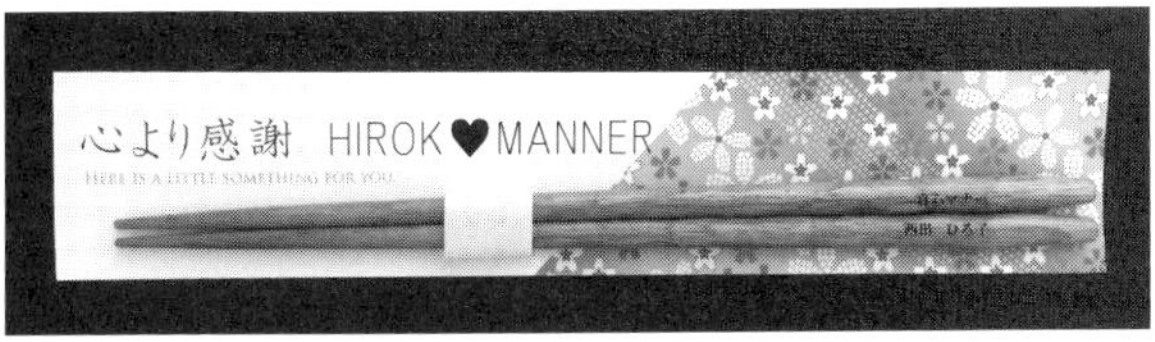

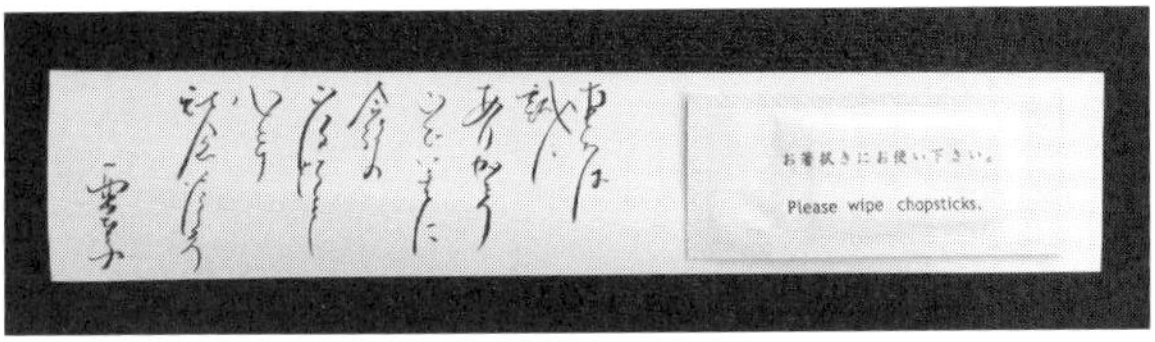

扇子

食べ物を贈る場合のポイント

食べ物を贈る場合に気をつけるポイントは次のとおりです。

なかなか手に入らない希少なものを贈る

季節や地域限定の、限定品など。

先方やご家族の好物を贈る

単純に喜んでいただける。自宅で家族も喜び、家族とのコミュニケーションにもなる。最近はお子さんのアレルギーなども多いため、特にご自宅にお持ち帰りいただくような食べ物は注意が必要です。

健康に配慮したもの

アレルギーなど健康に配慮したものを選ぶ。小麦・卵・乳製品・砂糖不使用のものや、有機栽培などのものを選ぶ。

たとえば、血糖値が高い、血圧が高い、などの事前情報があれば、それに合わせた食べ物を選ぶなど、工夫してみると、配慮の行き届いた人だと評価されるに違いありません。

海外の方を含め、割れ物は控えたほうが良いでしょう。知らぬ間にヒビが入っていたり、割れるなどの破損の可能性があるからです。また、持ち歩きや、パッキングすることを考えた際に、かさばるものも控えるほうが良いでしょう。

可能な限り、日持ちのするもののほうが良い場合もありますが、例えば、季節の行事やしきたりなどに合わせた有名な「桜餅」や「柏餅」などをお渡しする場合は、日持ちのしないものが多いため、そういう意味においても、接待当日の日付で購入したものをお渡しするのが良いでしょう。

また、その日にしか販売しない希少な食べ物もあります。

例えば、江戸時代の末期、京都の東寺のお坊さんから、副食となるお菓子を作って欲しいと依頼を受けた、笹屋伊織の5代目当主笹屋伊兵衛が作ったどら焼きです。こちらのどら焼きは、月に一度、弘法大師のご命日の21日だけ限定販売されていたものです。現在は、20日、21日、22日の3日間に延長されました。

このどら焼きは、一般のどら焼きの味、形ではありません。それまでにない形状と美味しさでお坊さんたちだけでなく、街の人々にたちまち広まり、お店はてんてこまいになったそうです。大変希少で手間ひまかけて作られるものなので、簡単に作れるものでないため、弘法大師の命日に参拝土産として皆さんに味わってもらえるよう、月に1日の限定販売にしたそうです。

歴史、由来のあるお菓子をいただくと感動します。さらに、それが月に1日（現在は3日間）だけの限定販売の品となればなおさらです。

実はこれは、私自身が実際に経験をしたことでもあります。ちょうど接待を受ける日がこの日と重なっていたこともありますが、わざわざ、この希少などら焼きを京都にて当日に購入し、新幹線に乗り東京までお越しくださり、お目にかかり、接待を受けた最後にお土産として渡されたのです（その人は、その後、社長に就任しました）。

月に3日間しか販売していないと伺い、それだけでも感動しましたが、そのお味がこれまた、今まで食べた和菓子の中でも、比べようもない程の美味。この時の感動は今でも忘れることはありません。その後、私自身も、京都に行った際に、このお菓子を購入し、翌日の東京での接待時にお土産としてお渡ししたところ、こちらから売り込むことなく、マナーコンサルティングのご依頼をいただきました。まさに、ご利益手土産と言っても過言ではありません。

接待される側も何か用意すべきか

接待される側は、基本的には手土産は不要です。

ただし、ごちそうされっぱなしに抵抗がある場合は、手土産を準備します。持ち帰る際に、重たくないものや、翌日、会社でみんなと取り分けられる個包装されたお菓子を選ぶのが一般的です。なお、二次会の費用をもつ場合は、手土産はなしとして構いません。

最初に渡す手土産、帰る際に渡す手土産

一般的な訪問では、謝罪以外の場合、手土産は最初にお渡しします。しかし、**接待時の手土産は、帰る際に渡すのが一般的**です。

また品物は、ふろしきや紙袋などから出してお渡しするのがマナーといわれていますが、**接待の場合は、相手様が持ち帰りやすいように、手提げ袋に入れたままお渡しします。**この際、「袋のまま、失礼いたします」とのひと言があると、本来の渡し方を心得ている人だとわかってもらえます。袋のシワ、汚れなどに注意してください。

ただし、手土産を渡すタイミングには例外もあります。

例えば、地方や海外からのお客様や取引先を招いた場合、先方が最初に「お土産です」と、その地方や国の名物などを渡してくださることがあります。その場合は、「お心遣いありがとうございます。遠慮なく頂戴いたします」「わざわざ、お持ちくださり、

大変でしたでしょう。恐縮です。ありがとうございます」などと、その場で有り難くいただきます。

その際、特に**海外からのお客様の場合は、リボン付のものであれば、「開けてみてもよろしいですか？」と言って開けるのがマナー**とされます。贈り手は、その場であけた喜ぶ相手の顔を見て満足したり、その商品の説明をしてコミュニケーションをとることをよしとします。

贈られる側も、その場で感想を伝え、場が盛り上がります。

そのタイミングは、乾杯や最初の料理がくる前ですと、スタートで盛り上がります。接待をする側は、最初にプレゼントはお渡ししませんが、手土産とは別に、何か小振りなものであれば、コミュニケーションの一部として、スタート時点でプレゼントをお渡しするのもアリです。ＴＰＰＯに応じて、判断をしましょう。

なお、一般的な贈り物のマナーとして、リボン付きのものは、その場で開ける。その他のもの（のし付きや、リボン無しで包装されているもの）は開けない、とされています。

支払いこそ、さらりと決める

相手に支払いのことを気にさせないのもマナーのうちです。接待は、事前にわかっていることですので、1章でお伝えをしたとおり、準備段階でしっかりと支払いに関してもお店の人とコミュニケーションをとっていれば、当日は慌てることもなく、落ち着いて接待に集中できます。

支払いの仕方は、当日、現金払いなのか、請求書払いなのか、支払方法がいくつかあります。なお、当日払いの場合は、必ず領収証をもらいます。

当日現金払いか、クレジットカード払いの場合

お化粧室(トイレ)に行くふりをして(もしくは先方が化粧室に立った時などでもOK)、精算を済ませるなどのスマートさが必要です。

後日振込みの場合

事前打ち合せで、後日後払いにすることになっている場合は、お店から請求書を郵送してもらい、会社から速やかに振込みます。

自社の規則で、振込のサイクル（たとえば、月末締めの翌月末払いなど）がある場合は、その支払日でも良いかどうかをお店に確認をし、了承を得たら後日振込み対応にしてもらいましょう。

領収証のもらい方、念のため

領収証は、日付、宛名の箇所に自社名、但書、お店の名前、住所、電話番号が記載されたものをもらいます。

宛名は、事前にわかっていることですので、こちらも事前準備の段階で当日に支払う場合は、領収証をいただきたい旨を伝えておく。その際に、宛名も一緒に伝えておきます。そうすると、当日、お店側もあなたも、その場で宛名を聞いたり、伝える手間が省け効率的です。

ちなみに、事前にお願いをしていない時は、支払いの際に自社の名刺を一緒に渡すと社名の書き間違いもなく、早く、確実です。

会社から仮払い金を受けて支払う場合は、おつりと領収証を会社に渡します。立て替えた場合は、領収証を会社に提出し、会社からお金をもらいます。個人のクレジットカードで支払った場合も同様です（このあたりは会社の規則に従います）。

このように、特に立て替えた場合は、必ず領収証が必要となります。領収証をもらうことを忘れないようにしてください。

会社から仮払い金を受けた場合は、おつりと領収証を紛失しないよう、専用の封筒などを準備して、その中に一緒に入れ、翌日、出勤したらなるべく早い段階で処理をしましょう。

立て替えた場合も、領収証を紛失することのないように。

また、お店が領収証を封筒に入れてくれる場合は、その封筒を誤って破棄したり紛失することのないように、重々、気をつけます。

写真撮影について知っておきたいこと

Facebookやインスタグラムにお料理の写真をアップすることを楽しみにしている人もいます。接待相手が写真を撮りたいと思っているかもしれないので、お料理が運ばれてきた際に、お店の方に「お料理の写真を撮って、SNSにアップしてもいいですか？」と聞いてみます。

「いいですよ」と言われたら、「もし、お写真を撮りたい方がいらしたら、どうぞ」と促し、接待相手が撮るようであれば、あなたも合わせて撮ると一人だけ撮っている、という孤独感をなくして差し上げることができます。マナーは、相手に合わせる、ということが、とても大切です。

ポイントは、**撮影がOKかどうかは、事前の打ち合せで把握しているということ。**OKだとわかっているから、この場で聞けるのです。写真撮影をよしとしていないお店もありますので、せっかくの楽しい場で、「それはダメです」というマイナスな要素は極力避けるようにします。

また、料理長やシェフが挨拶にきてくれた場合など、「せっかくですから、よろしければ、料理長と一緒にみなさんでお写真などいかがでしょうか？」と言って、記念写真を撮るのも良いでしょう。有名な料理長やシェフであれば、なお喜ばれる可能性があります。

ご本人はさほど興味はなくても、一緒に写真を撮っていれば、ご家族や女性社員などが、それを喜ぶケースもあります。こちらも事前の打ち合せで可能かどうかを伺っておき、お店の人から、「記念写真はいかがですか？」と促してもらう段取りを組んでおくのもテです。

お開きの前に、皆さんで記念写真を撮るのも良いでしょう。素敵な床の間や室内で撮るのも記念になり、喜ばれる方もいらっしゃいます。ただし、写真を撮られるのが苦手な方や、お酒がまわって顔が赤くなっている姿を撮られたくないという人もいらっしゃいますので、このあたりの配慮もしながら、状況を見つつ、臨機応変な対応力も必要です。

お開きの仕方と二次会に誘うタイミング

会食が、そろそろお開きの時間になったら、接待をした側の上席が挨拶をします。

「本日は本当に楽しい時間を過ごさせてもらいました。ありがとうございます」

と、お礼を伝えたのちに、「お酒は、足りましたでしょうか？」などと、二次会の伺いをたててみます。先方が「はい。もう十分、いただきました」というニュアンスの返答をしたら、二次会はなしと考えます。

そうなれば、ここで最後となるので、締めの挨拶をします。

「では、次回は先程話題に上がった、焼き肉屋にまいりましょう！」

など、また楽しい時間をご一緒したいという気持ちを伝え、次へとつなげ、

「本日はお忙しいなか、お時間を頂戴し、誠にありがとうございました」と締めます。

一方、「十分いただきましたが、良い感じで酔いもまわっているので、場所を変えて一曲、いかがですか？」などと、**先方から二次会のお誘いを受ける場合**もあるでしょう。先方が行きたがっているのか、それとも、接待をしてくれた側に気をつかって言っているのかを見極めるのが賢明でしょう。

「お時間はよろしいのですか？」

「お疲れではありませんか？」

などと伺い、その返答の流れで決めます。

相手がすでに二次会の予約をしている可能性もあります。そのような場合は、先方の厚意を受けます。

先方の気分がよく、二次会を求めている場合は、接待をする側があらかじめ準備をしているお店にお連れします。二次会に行くことが決定したら、そのお店に何時頃、何名で伺う旨を電話します。電話のタイミングは、先方がお化粧室に行っている間や、「ちょっと失礼いたします」といって、自分がお化粧室に行くふりをして、お客様の前で電話をしないように配慮します。

お開きとなり、その個室やテーブルから離れたら、「お化粧室はいかがですか？」と、お客様に促します。会食中は遠慮して、席を立てなかった場合もあります。お客様が行かれる場合は、「こちら、右手奥にございます」などその場所の説明をします。より丁寧なのは、「こちらでございます」と、お化粧室の前までご案内して差し上げることです。この時、「受付でお待ちしております」など、どこで待っているのかもお伝えします。

少し、酔いがまわっている方には、お化粧室から少し離れたところ（他のお客様やお店の人の邪魔にならない場所）でお待ちして、一緒にお店を出て差し上げることも必要な場合があるかもしれません。

このように、こういう時は、こうする、と決めつけるのではなく、その場の状況から、どうすることが相手にとってもっとも安全で心地よいかを考え、臨機応変に対応する能力が求められます。これも接待におけるマナー力のひとつです。

お見送りはどこでするか、5つのパターン

お見送りは、「その部屋のなか」「部屋を出た廊下」「エレベーターまで」「玄関口まで」「外まで」の5パターンがあります。接待のお見送りは、外までがほとんどでしょう。共通項は、訪問者側も見送る側も「本日は貴重な時間を頂戴し、ありがとうございました」と互いに感謝の気持ちをこめて最後の挨拶をすることです。

外まで見送る場合は、基本は訪問者が見えなくなるまで見送るとされています。ただし、それを相手が好まない場合は、ほどほどのところで失礼しても良いでしょう。ずっと見送り続けることで、かえって相手に気を使わせることもあります。どうすればいいのか迷う時は、上司や先輩に倣《なら》い、周囲に合わせた行動をとりましょう。

万が一エレベーターの前で別れる時は、エレベーターが完全に閉まりきった後、3秒間はお辞儀をしたままでいましょう。閉まったと思って安心し、すぐに上体を起こすと、まだ閉まりきっていない場合があります。

別れ際に印象を残す、お見送りの仕方

接待のお見送りは、通常のお見送りよりも、いっそう丁寧に行ないます。

タクシーを手配する場合

お見送りの仕方は、先方様のお帰り方法によっても様々ですが、一般的には、タクシーなどの車を手配し（お会計の頃などにお店に手配を依頼するか、事前に予約しておく。接待に慣れたお店なら「タクシーお呼びしましょうか？」などと聞いてくれることもあります）、お店を出たらすぐにお乗りいただきます。お店の外で、車がくるのをお待たせするようなことのないようにします。

もし、タクシーなどの到着が遅れる場合は、お店の中でお待ちいただきます。したがって、**個室などから出る時には、すでにタクシーなどが、お店の前に待機しているタイミングがベスト**です。

タクシー料金は、タクシーチケットがあれば、それをお渡しします。現金の場合は、事前に「お車代」と書いた封筒にお金を入れて、お客様が乗車したら、お渡しします。ご本人に渡すと遠慮する場合もありますので、運転手の方へチケットや現金をお渡しするのもスマートです（お車代のことなども、会社の規定に従ってください）。

手土産は、タクシーなどの車に乗り込む前に、「お荷物になって恐縮ですが」と、お渡しします。

タクシーなどの車が出発する際には、90度のお辞儀をしてお見送りをします。その後は見えなくなるまで手をふったり、再度お辞儀をしたりして、見送ります。

宿泊先にお送りする場合

宿泊のお客様で、宿泊先までお送りする場合は、一緒に車に乗ります。宿泊先に到着したら、あなたも車から降りて、「本日は長時間おつきあいくださり、誠にありがとうございました。どうぞごゆっくりとおやすみくださいませ」と別れます。

手土産は、このタイミングでお渡ししましょう。

電車で帰る場合

電車で帰る場合は、駅や改札口で、相手様が見えなくなるまで見送ります。

接待を受ける側として

接待を受ける側の配慮としては、必ず「ありがとうございます」とお礼を伝えます。また、タクシーに乗ったら、すぐに窓を開けて、見送ってくれるひと達に、最後の「ありがとうございました」を伝え、会釈をして出発します。

走り始めたら、後ろを振り返り、手をふったり、会釈をして、見送ってくださるひと達に応えましょう。

マナーは互いが互いを思いやる、美しい関係を築くものです。

最後の別れ際を双方美しく、「今日はいい日だった」と心からそう思いながら、帰宅できる接待にいたしましょう。

できる大人は、自社へも手抜かりなく

お客様をお見送りしたら、自社のひと達と、「お疲れ様でございました」と労いの言葉を掛け合います。

上司に対して、深々とお辞儀もして、同席させてもらったことに対する感謝の気持ちや、わからないことを教えてもらったことなどに対する感謝の気持ちを伝えます。一方、上司も、部下に対して、様々なサポートなどをしてくれたことに感謝します。

接待を通じて、自社のひと達が協力し合い、良いコミュニケーションや人間関係を築くきっかけにもなります。

他社と自社の双方をプラスにすることも可能となります。真心マナーは一石二鳥は当たり前。マナーは面倒と思う方も多いのですが、真のマナーを身につけていれば、一石三鳥、四鳥、五鳥をも生み出せます。

たくさんのお得を結果として生み出すためには、最後の最後まで気を抜いてはいけ

ません。他社や他の人がおこなっていないマナー力で、確固たる信頼と信用を得てください。

会場となったお店へのお礼は、この4点を押さえる

お店の前でお客様を見送ったら、再度、お店に入り、担当くださったお店の方や、店長、支配人などにお礼を伝えます。

「このたびは、ありがとうございました。いろいろと、細かいお願いをして、申し訳なく思っております。おかげ様で、お客様に喜んでいただけました。本当にありがとうございました。今後ともよろしくお願い申し上げます」

このように、**「お礼」「お詫び」「お礼」「今後」の4点をしっかりと伝えましょう。**

会社のノベルティグッズなどがあれば、それをお渡しするのも良いでしょう。

お客様と一緒にお店を出る場合は、お店を出る際に、「ありがとうございました」

とお礼を伝え、翌日、お店の迷惑にならない時間帯（お店にもよりますが、15時―16時）に、電話をかけ、お礼を伝えます。また、今後もお世話になりたいと思えば、後日、お店宛にお礼状を出すのも、効果的です。

二次会での接待マナー、最後まで気を引き締めて

接待での二次会として、クラブなどのお店に行くこともあるでしょう。弊社のクライアントからも、このようなお店での席次や、酔ってしまった時の対処法などの相談を受けることが多々あります。

ここでは、つい気が緩みがちな二次会での接待マナーについてお伝えいたします。

●席次

クラブなどでの上座は、長ソファの中央となり、そこに、接待相手をご案内します。

隣りには、接待相手のお気に入りの店員さんが座ります。はじめてのお店の場合は、お気に入りの人が決まっていないと思いますので、接待をする側が、お店側に、人気の店員さんについてもらうよう、事前にお願いをしておきます。

また、お店によっては、お気に入りの店員は、お客様の前に座り、ヘルプとなる店員が、隣りに座るケースもあるとのことです。お店のママは、基本的にお客様の横には座らないことが多いようですので、ママに隣りに座ることを強要するようなことはしないように、注意しましょう。

女性に対して言ってはいけないこと

接待の場やお店に女性がいる場合、特に女性には言わないほうが良い内容があります。女性社員や、お店の店員さんにリサーチしたところ、言われて気分を害する内容は、年齢や既婚か独身かを聞かれることや、体型の話でした。

例えば、「君、ちょっと痩せすぎだよ。しっかり食べて、おっぱいを大きくしなきゃ！」など、お酒が入っている場だとしても、このような不用意なひと言が、あなたの品位を下げます。それはすなわち、会社の品位を下げるということになります。接待をする側であっても、される側であっても、品性ある二次会にしましょう。また、場合によっては、セクハラ問題に発展する可能性も秘めていますので、要注意です。

接待をする側はどこまですればいいのか

クラブなどでは、基本的にお店の方が、お酒を作ったり、タバコに火をつけたりしますが、接待をする側としても、そのようなことをしたほうがいいのかどうか、迷うことも多くあるでしょう。気のきく姿を見せたほうが良いかも……と思うかもしれませんが、それをしてしまうと、お店の人に恥をかかせてしまうことになります。店員さんは、タバコに火をつけることも、お酒を作ることも仕事の一部ですので、そこは、お店の人にお任せするのがスマートです。

しかし、もし、お店の人が席を外している最中に、接待相手のお酒が少なくなってきたりすれば、接待する側が作ります。その場合は、「お作りいたします」とひと言伝えて、アルコールの量のお好みなどを確認して作るようにしましょう。

ただし、なんとなく酔ってきたかな、と感じたら、わからないようにお酒の量を加減して差し上げましょう。悪酔いしたり、気分が悪くなられては困ります。

お酒の作り方

焼酎の水割
(お茶割・ソーダ割など)

1 トングで氷をグラスいっぱいに入れる
2 焼酎を3割くらい入れる
3 割り物(お水・お茶・ソーダなど)を7割くらい入れる
4 マドラーで4～5回混ぜる
5 グラスの水滴を拭く(底から持つところあたりまで)

お湯割

1 お湯を入れる
2 焼酎を入れる
3 お好みで梅干やレモンなどを入れる
4 マドラーで混ぜる
5 3をほぐす場合は、最後に割り箸でほぐす

オンザロック

1 ロックグラスに大きめの氷を入れる
2 お酒を氷が見えるくらいまで入れる
3 マドラーで2～3回混ぜる

ウイスキー

手順は焼酎の作り方と同様
ウイスキーはシングル(指を横にして1本)、
濃い目の場合はダブル(指を2本分)

ポイントと注意点

・最初の一杯目はちょっと薄めに(一杯目はお酒が濃く感じるため)
・お酒と割り物の割合や、梅干を潰すかどうかなどの好みは、聞いて調整
・時間が経ってグラスに水滴が付いてきたら、作り直した際などに軽く拭くとGood
・差し出す際に、右手でグラスを持ち、左手をグラスの底に添えて出すと好印象

●こんな客は嫌われる

クラブなどのお店で、隣りの席のお客様に挨拶もしないで割り込んで話をしたり、悪酔いをして状況判断ができなくなる人、署名や勧誘を強要する人、しつこい人などは、困るお客様として、接待相手のみならず、お店の人からもマイナスに評価をされますので、気をつけましょう。

また、接待を受けている側だから何でもしていいわけではありません。接待を受ける側も、周囲の状況に配慮し、スマートな立居振る舞いをしてください。お店の人が、素敵と思うお客様は「マナーのある紳士的な人」という意見がダントツです。飲み方、お会計の仕方、帰り方のすべてにおいて、そういう人にはマナーがあるということです。お店で飲んでいる時も、そこは、仕事の一コマであることを忘れないようにしましょう。

このような場所に慣れていない女性社員は、店員さんと仲良くなると店員さんから守ってもらえます。事実、お店側は、接待中の女性社員に気を使ってくれています。

●悪酔いをしたときの対処法と回避策

悪酔いをしてしまった場合は、歌を歌わせたり、眠たそうな人は眠らせておきます。また、話したそうであれば、その人の聞き役に徹します。場合によっては、下ネタにもつきあうことになるでしょう。こうすることで、周囲の人へ迷惑がかかりません。また、これは、悪酔いをしてしまった人に恥をかかせないよう、お守りして差し上げる行動でもあります。

悪酔いをしないためにも、お酒の量を加減するなど自己コントロールを忘れないようにしてください。

コラム

接待で使えるお酒の知識 4 その他のお酒

ブランデー

ブランデーはワインから造る蒸留酒。

ブランデーは、グラス部分を下から手のひらで包み込むように持つ。手の熱でブランデーを温めて、より良い香りを立ち上らせるため。

ウイスキー

ウイスキーの種類

1 モルト・ウイスキー　大麦を原料とした個性的な味わい。

2 グレーン・ウイスキー　トウモロコシ（グレーン）で造る穏やかな味わい。

3 ブレンデッド・ウイスキー　モルトとグレーンを組み合わせたもの。

飲み方

1 ストレート

ウイスキーの深い味わいを楽しめる。口に含み、味わい、のどの熱さを感じる時に、チェイサー（水や柑橘系の風味の炭酸水など）を飲むと口直しになる。

2　オンザロック

角の少ない大きめの氷をグラスに入れ、ウイスキーをグラスの半分くらいまで注ぐ。氷が少しずつ溶けていくときの風味の変化を味わう。

3　ハイボール

グラスに氷をたっぷり入れ、冷蔵庫で冷やしたウイスキーを1、ソーダを3の割合で順に注ぐ。炭酸を逃さないように、マドラーで縦に混ぜる。氷はなくても良い。レモンスライスを加えると爽やかさがアップ。

5大ウイスキー

イギリス……………スコッチ
アイルランド………アイリッシュ
アメリカ……………バーボン・テネシー
カナダ………………カナディアン
日本…………………ジャパニーズ

カクテル

・ショートスタイル……「短い時間で飲むこと」を前提とした、アルコール度数が強めのカクテル。カクテルグラスなどの小さめのグラスに、氷の入っていない状態で提供されることが一般的。マティーニ、マルガリータ、ダイキリなどが有名。
・ロングスタイル……「長い時間をかけて飲むこと」を前提とした、アルコール度数が弱めのカクテル。タンブラーやロックグラスなどの大きめのグラスに、氷の入った状態で提供されることが一般的。ジン・トニック、スクリュードライバー、カンパリオレンジなどが有名。
・ストローが2本ついているカクテル……かき混ぜる時は、2本で。また、クラッシュドアイスが多いと、ストローに詰まりやすくなるため、飲む時は1本で、もう1本は予備としておいておく。ただし、2本で飲んでも良い。
・マドラーがついているカクテル……マドラーは、使ったらグラスから取り出す。
・層になっているカクテル……見た目の美しさを楽しむカクテルなので、ストローがついていてもかき混ぜず、そのまま飲む。

接待相手へのアフターフォロー（翌朝）

接待をした相手先には、翌日、朝一番にメールをしてお礼を伝えます。

以前は、電話でしたが、現代はメールでかまいません。電話は、ひと言、お礼を伝えるために、わざわざ相手の時間と手間をかけさせてしまいます。また、もしかすると、半休をとって午後からの出社であったり、お休みをとっている可能性もあります。相手からすると、飲んだ翌朝に出社していないと思われたくもないでしょう。そういう意味においても、今はメールのほうがスマートといえます。

一般的には、お礼メールを送信すればそれで十分です。相手との関係性によっては、お礼メールにプラスして、お礼葉書やお礼状を出しても構いません。ただし、LINE、ツイッターなどのSNSで送信するのはNGです。これらはビジネスというよりはプライベートの印象が強く、軽く受けとられます。

現代は、写真をプリントすることが少なくなりましたが、一緒に撮った記念写真を、まずはメールに添付し、データ送信する。さらに、それをプリントして、お礼状と一緒にお送りすると心に響くかもしれません。

特に、その接待の目的が相手先のお祝い事や、ご担当者の誕生日祝いなども兼ねていた場合は、プリントした写真を写真立てに入れてお贈りすると喜ばれます。写真立ては、１００円ショップのもので十分、気持ちは伝わるでしょう。

このようなひと手間をかけることで、接待にかけた時間と労力と金銭が、何らかの形で報われるに違いありません。

完璧な人などいません。この接待でどこかに粗相があったとしても、「終わりよければすべて善し」。

相手の立場にたつ真心をもって、相手が喜ぶことを想像すること。感謝の気持ちをどのように表現すればいいだろうか、などを自分でしっかりと考えること。これら、マナーの基本を身につけていれば、最後の最後で挽回できることは必ずあります。

付録

お礼の文例

接待はお開きで終了ではありません。翌日のお礼があって初めて完結します。メールや葉書、封書でのお礼状の例を挙げておきますので、参考にしていただければ幸いです。

接待後　主催側が送るお礼メール

○○会社
営業部
部長 佐藤太郎 様

佐藤様、平素より大変お世話になっており、
誠にありがとうございます。

ヒロコマナー会社の阿部でございます。

昨日は、大変ご多忙のなか、私共とおつきあいくださり、
心より感謝御礼申し上げます。

佐藤様のお話の内容は、実体験に基づくものばかりで、
説得力もあり、本当に素晴らしいとあらためて敬服致しております。

今後も、引き続き、ご指導、ご鞭撻のほど、
何卒よろしくお願いできれば幸いに存じます。

また、アシスタントの斎藤様にもお世話になりまして、
誠にありがとうございました。

佐藤様におかれましては、ますますご多忙の時期に入るかと
存じますが、どうぞくれぐれもご自愛のうえ、益々のご活躍、
そして、貴社のさらなるご発展を心より祈念いたしております。

なお、昨日お話に上がりました、ご質問につきましては、
早急にお調べいたしまして、あらためてご連絡申し上げます。

取り急ぎ、昨日の御礼でございます。

今後とも、何卒よろしくお願い申し上げます。

阿部真人
========
ヒロコマナー会社
営業部 阿部真人
〒107-0062
東京都港区南青山○丁目○番○○号
TEL:03-1111-1111　FAX:03-2222-2222
URL:http://www.hirokomanner-group.co.jp

昨日の会食に対するお礼

会食時の感想の具体例

同行者への感謝も述べる

相手と相手の会社の繁栄を祈念するひと言を

接待中にでた会話を忘れていないことを伝え、相手の求めている情報提供する旨を伝える

本メールの目的を伝える
本メールは、お礼メールであることを伝える

接待後　主催側が送るお礼メール

上司（吉村）と同行していた場合

○○会社
営業部
部長 佐藤太郎 様

佐藤様、平素より大変お世話になっており、
誠にありがとうございます。

ヒロコマナー会社の阿部でございます。

昨日は、大変ご多忙のなか、私共とおつきあいくださり、
心より感謝御礼申し上げます。

佐藤様のお話の内容は、実体験に基づくものばかりで、
説得力もあり、本当に素晴らしいと、吉村共々、
あらためて敬服致しております。

また、アシスタントの斎藤様にもお世話になりまして、
誠にありがとうございました。

昨日は、行き届かぬ面も多々あったかとは存じますが、
今後精進致しますので、ご容赦いただければ幸いに存じます。

佐藤様におかれましては、ますますご多忙の時期に入るかと
存じますが、どうぞくれぐれもご自愛のうえ、益々のご活躍、
そして、貴社のさらなるご発展を心より祈念いたしております。

吉村からも、あらためて、御礼を申し上げると存じますが、
まずは、本メールにて、くれぐれも宜しく伝えて欲しいと
仰せつかっております。

今後とも、引き続き、ご指導、ご鞭撻のほど、
何卒よろしくお願い申し上げます。

阿部真人

========
ヒロコマナー会社
営業部 阿部真人
〒107-0062
東京都港区南青山○丁目○番○○号
TEL:03-1111-1111　FAX:03-2222-2222
URL:http://www.hirokomanner-group.co.jp

昨日の会食に対するお礼

上司共々と、上司のことにも触れる。会食時の感想の具体例

同行者への感謝と、こちらの行き届かぬ面のお詫びと今後への意欲を伝える

相手と相手の会社の繁栄を祈念するひと言を

上司からのひと言を伝える。のちに、上司の名前で、お礼葉書やお礼状を出すと丁寧さが伝わり好印象。

今後もおつきあいしたい意思表示をする

お礼状　葉書の場合

拝啓　初秋の候 平素より格別のご高配をたまわり
心より御礼申し上げます
　先日はご多忙のなか 会食をともにしていただく
お時間を頂戴し 誠にありがとうございました
　普段伺えない貴重なお話しの数々に あらためて
佐藤様と貴社の素晴らしさを感じました
　次回はぜひゴルフにてお供させていただければ幸いに存じます
年末に向けて さらにお忙しい毎日をお過ごしになると存じますが
くれぐれもご自愛のうえ
佐藤様のさらなるご活躍と
貴社のご発展を心より祈念いたしております
　略儀ながら 書中にて御礼申し上げます
敬具
平成◯◯年 長月 十二日

1. 葉書は略式の書中だが、特にビジネスでのお礼葉書の場合は、頭語と結語、季節のご挨拶も入れた書き方がフォーマル度が高まり好ましい。

2. 句読点をうっても良いが、「御縁が切れないように」の願いを込めて、うたなくても良い。読みやすくするために、読点に代わりに、半角空けると良い。

3. 日付は、最終行に。九月などと漢数字を用いて、月を書いても良いが、少し風情を出したい場合には、長月などの別称で書くと印象に残りやすくなる。日にちは、接待後、すぐに書き、投函したことがわかるように、書いた日付を書く。

4. 日本語の場合は、縦書きのほうが、フォーマル度が増すため、お礼状は縦書きがお薦め。

葉書の宛名

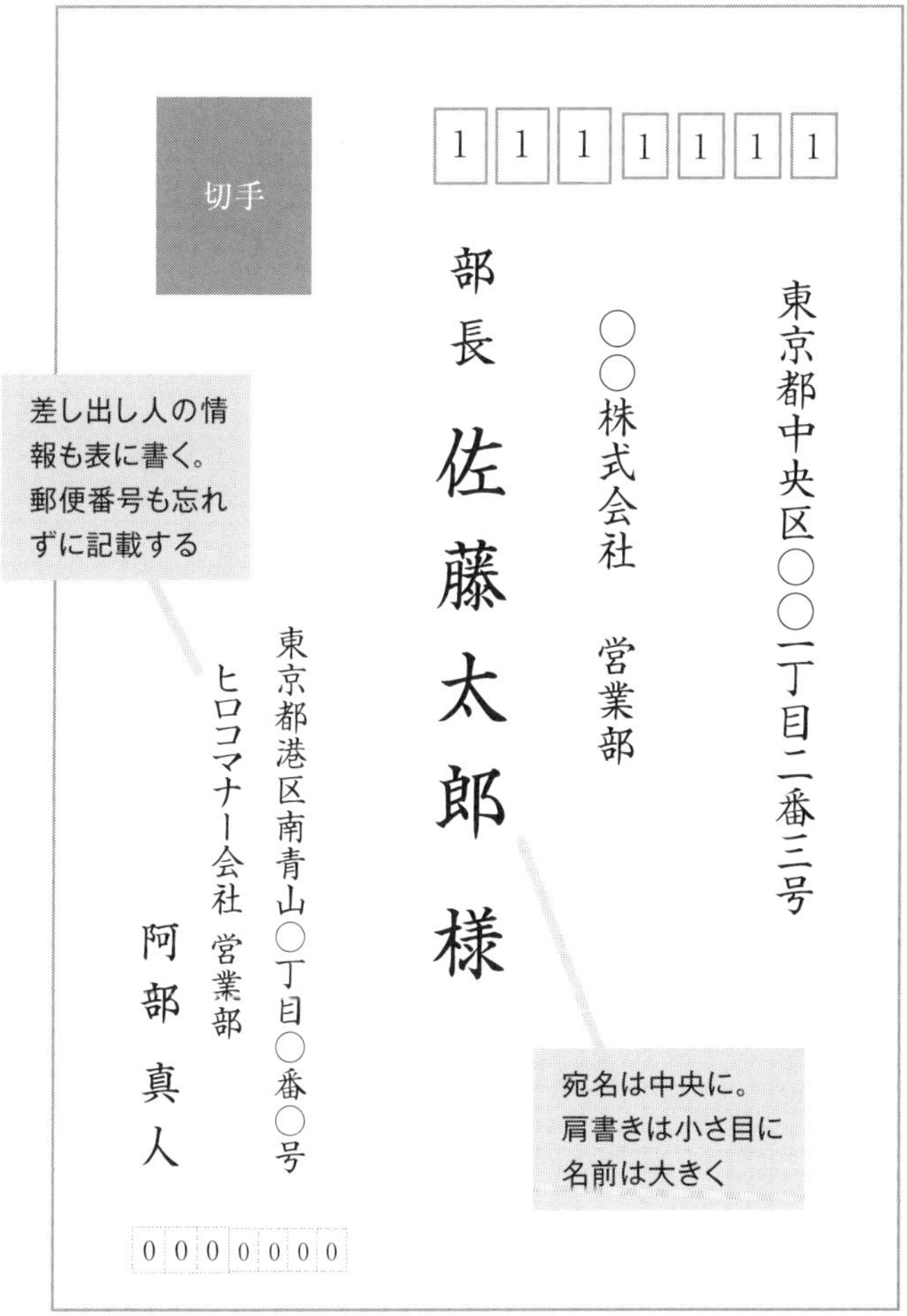
1111111
切手
東京都中央区○○一丁目二番三号
○○株式会社　営業部
部長
佐藤太郎様
東京都港区南青山○丁目○番○号
ヒロコマナー会社　営業部
阿部真人
0000000
差し出し人の情報も表に書く。郵便番号も忘れずに記載する
宛名は中央に。肩書きは小さ目に名前は大きく

お礼状　封書の場合〈縦書き〉

手書きの便せんの場合は、2～3枚程度におさめる

相手のお名前は少し大きめに書く

相手の名前や社名は行の上から書く

拝啓　仲秋の候 貴社ますますご清栄のことと お喜び申し上げます
平素より 格別なお引き立てを賜り 誠にありがとうございます
さて 先日は 大変お忙しいなか 会食のお時間を頂戴し
心より感謝御礼申し上げます　ありがとうございました
日頃お世話になっている御礼の会食でございましたが
佐藤様より 多くの教えを学ばせていただくこととなり
大変恐縮すると同時に 有り難く思っております
ご教授いただきました件につきましては 早速 実践いたしました
お教えのとおり 早々に効果を実感しており 感激致しております
ありがとうございます
弊社 微力ながらも 社員一丸となって
貴社のお役にたてますよう尽力いたしますので
どうぞ今後とも 末永くおつきあいのほど
何卒よろしくお願い申し上げます
最後になりましたが 今後も
佐藤様の益々のご活躍と
貴社のさらなるご発展を心より祈念いたしております
取り急ぎ 書中にて御礼申し上げます
敬具

平成○○年　九月十二日

ヒロコマナー会社 営業部
部長　吉村 真都夫

○○株式会社 営業部
部長 佐藤 太郎 様

日付は少し小さめに書く

自社のことは、下の方から書き始める。社員一丸の箇所も同様。

差出人は、相手の役職と同格の人の名で出すのが基本。該当者がいなければ接待した側の最上位の人の名を書く。

1 日本語の場合、縦書きのほうが、フォーマル度が高い

2 頭語と結語、時候の挨拶を書く

3 接待時での具体的な話や感想、その後の内容を書く

お礼状　封書の場合〈横書き〉

○○株式会社 営業部
部長 佐藤 太郎 様

拝啓　仲秋の候 貴社ますますご清栄のことと お喜び申し上げます
平素より 格別なお引き立てを賜り 誠にありがとうございます
さて 先日は 大変お忙しいなか 会食のお時間を頂戴し
心より感謝御礼申し上げます　ありがとうございました
日頃お世話になっている御礼の会食でございましたが
佐藤様より 多くの教えを学ばせていただくこととなり
大変恐縮すると同時に 有り難く思っております
ご教授いただきました件につきましては 早速 実践いたしました
お教えのとおり 早々に効果を実感しており 感激致しております
ありがとうございます
弊社 微力ながらも 社員一丸となって
貴社のお役にたてますよう尽力いたしますので
どうぞ今後とも 末永くおつきあいのほど よろしくお願い申し上げます
最後になりましたが 今後も
佐藤様の益々のご活躍と
貴社のさらなるご発展を心より祈念いたしております
取り急ぎ 書中にて御礼申し上げます

敬具

平成○○年　九月十二日

日付は少し
小さ目の文字で

ヒロコマナー会社 営業部
部長 吉村 真都夫

自筆の署名でも良い。署名
だけでも手書きにすると
いっそう、丁寧感が伝わる

和封筒の宛名

※縦書きの葉書も同様

1 最初に肩書きと名前と敬称を封筒の中心に書くことで軸を決める

2 続いて住所を書く

住所の2行目は1行目の半字下から書き始める

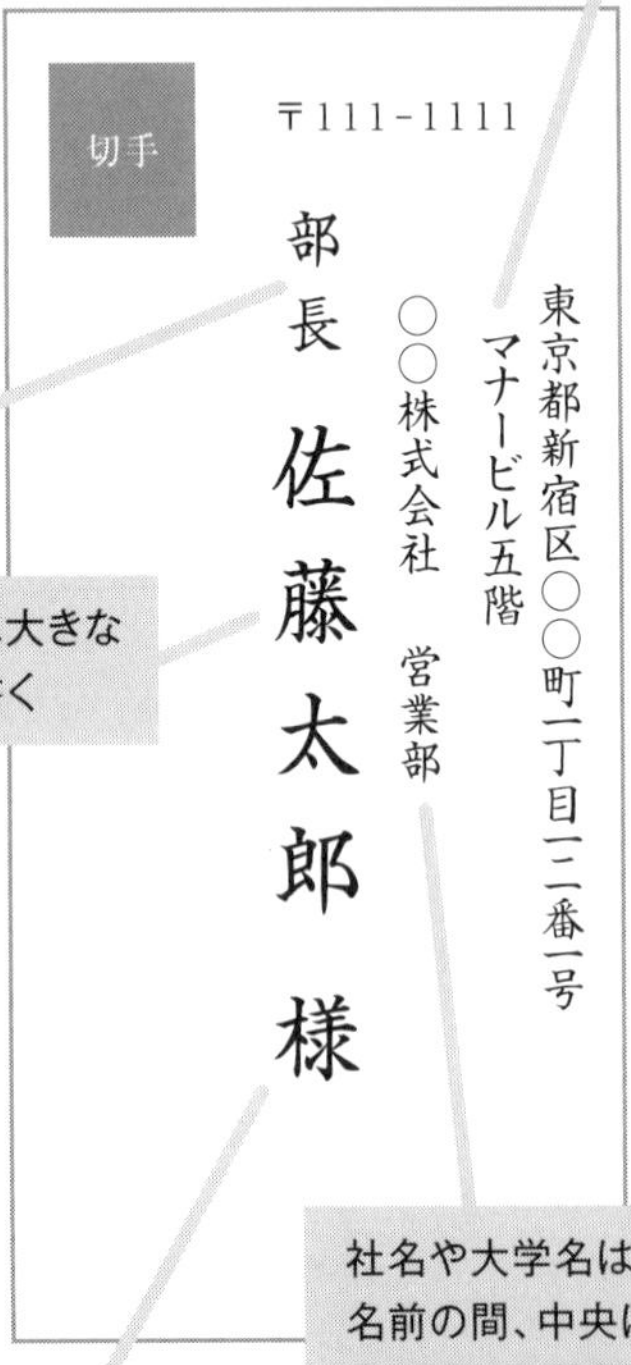

肩書きは一番高い箇所から書く。名前よりも少し小さな文字で

名前は大きな字で書く

社名や大学名は住所と名前の間、中央に書く。書き始めの位置は住所の1行目よりもやや上

医師、弁護士などへの敬称は『先生』

様 一般的

様 目上用

和封筒 裏

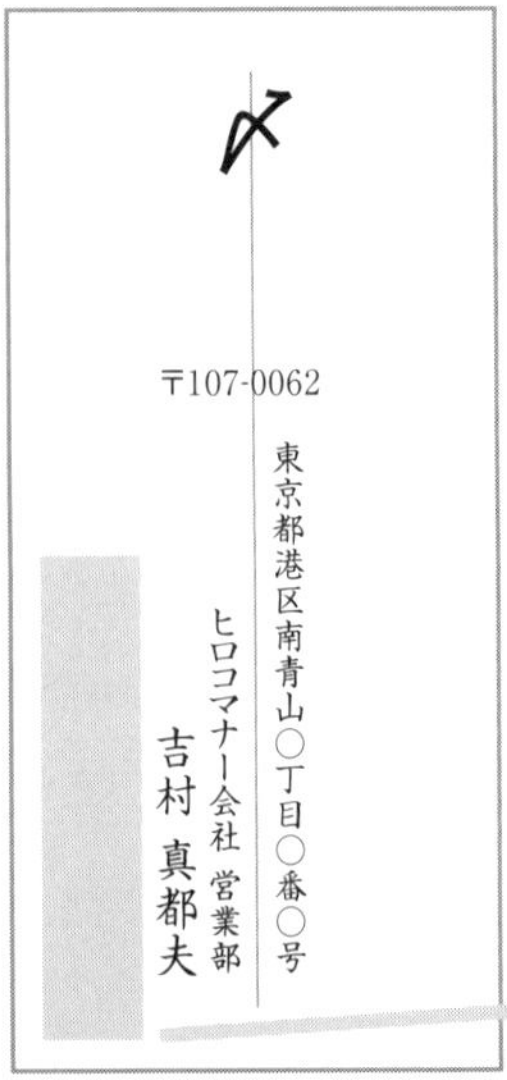

左下に書いても良い

- 封を締める封じ目の中央に「〆」
- 中心線の合わせ目を境に、右側に住所、左側に社名・部署名・名前を書く。

終章

マナーは人生を変える
人生はマナーと共にある

法律とマナーは人生の必須科目

企業にマナーコンサルティングやマナー研修に伺い、社員の皆さんと話をするなかで、よく言われることがあります。

それは、「法律とマナーは、義務教育の必須科目にして欲しい」と。

「え?」と驚く方もいらっしゃるかもしれませんが、それだけ法もマナーも知らなかったでは済まされないと思ってくださっている方が増えているという証です。

本書では接待に関係するマナーをお伝えしてきましたが、接待はその対象(大企業や中小企業、個人事業主など)に応じて、やり方などの型は異なる、ということをご理解いただいた上で、お読みいただけると大変嬉しく、かつ有り難く存じます。

さて、ここで法律とマナーの違いをお伝えします。あなたもおわかりのとおり、法はそれを遵守しなければ罰せられますが、マナーを守らなくても罰せられることはない、という点が大きな違いです。「法律」という言葉をあらためて辞書で調べてみると次のように記されています。

1 **社会生活の秩序を維持するために**、統治者や国家が定めて人民に強制する規範。法。
2 憲法に基づいて国家の立法機関により制定される成文法（出典　大辞林 第三版）

では、マナーはどうでしょうか。マナーを日本語にすると「礼儀」という単語になります。辞書によると「礼儀」の意味は次のとおりです。

人間関係や**社会生活の秩序を維持するために**人が守るべき行動様式。特に、敬意を表す作法（出典　デジタル大辞泉）

ここで注目していただきたいのは、太字の部分です。法もマナーも共通している点は、**社会生活の秩序を維持するために**存在している、ということです。

企業の多くは、収益を生み出すことに注力し、そのために、そこで仕事をするビジネスパーソン達は、数字がもっとも大事で、それを生み出すための戦略をたてます。
また、コミュニケーション面では、そのスキルやテクニックという表面的な技法を習得することに時間とお金を費やします。そこには、マナーのマの字も出てくることはなく、収益、すなわち、数字とマナーは無縁だと思われています。とはいえ、マナーが不要とまでは思われていませんが、マナーは後回しにされる傾向があることは否めません。

しかし、ここで考えていただきたいのです。

仕事をする上で、法を無視したり、後回しにするでしょうか。当然のこととして、それを知った上で、仕事をおこなうことは、基本中の基本です。

実はマナーも法と同様に、**社会生活の秩序を維持するために**、基本中の基本に存在するもの。仕事の場面において、ビジネスマナーを身につけていることは、当たり前のことなのです。もっといえば、**ビジネスマナーを身につけていないと、真の成功はあり得ない**ということです。

真の成功とは、永続的に企業が存続すること、また、その人が一時期だけではなく、長年、息長く成功し続けるということを指します。

マナーは不老不死を実現させる

人には残念ながら来るべき寿命がありますが、会社には本来寿命はありません。会社は、設立時にこの会社を永続的に存続させるとうたい、この世に誕生してきます。ところが、現実はどうでしょうか。

中小企業の会社生存率は、5年で約15%とも言われます。わかりやすくお伝えすると、会社設立後、5年後には、100社のうち、85社はこの世に存在していないということです。この世に存在しないということは、会社は倒産したということになります。会社は資金がなくなると倒産します。

実は私も、お恥ずかしながら、倒産の危機に直面したことがあります。原因は明らかでした。ちょうどその頃、プライベートの出来事ではありますが、家族同様の愛犬の事故に関わったある人に対して、私はマナーなき感情を抱いてしまいました。その気持ちから、健康を害し、仕事も上手く回っていかなくなったのです。そして気がついた時には、現金がなくなっていました。

「もうダメだ……死にたい」と思った夜が私にも一晩だけあります。しかし、そこから再起、すなわち現金を生み出していきました。誰かにお金を借りたわけでもなく、誰かがお金を貸してくれたわけでもありません。

まずは、たった一人に対するマナーなき感情を消しました。マイナスな感情がなくなると、行動が変わります。そして、せき止められていたボトルネックが一気に外され、すべてが好転し始めました。

私は、自ら人と会う時間を作り、そこでお茶を飲みながら、コミュニケーションをとりました。お茶代は、相手様の分も支払いました。事前に用意している手土産も持参です。当時は現金が手元にありませんから、支払いをクレジットカードにしたり、保険を解約したり、大切なものを現金に替えたりしながら、そのお金でささやかながらのもてなしを行ないました。これも一種の接待です。

本書では、このような私の実体験をもとに、成功する接待について、具体的に何をすれば良いのかをお伝えしてまいりました。

白洲次郎の真のマナー力

私がマナー指導を務めたNHKスペシャルドラマ『白洲次郎』。白洲次郎といえば、「日本一かっこいい男」と称され、「従順ならざる日本人」としてGHQなどと対等に交渉し、グローバルな舞台において数々の成約を実現させ、結果を出した人物です。

彼は、英国ケンブリッジ大学に留学の経験があり、英国紳士の精神、生き様を身につけていた人です。

私は31歳の時に単身渡英し、英国オックスフォードで英会話もろくにできないにもかかわらず、知人もツテもない異国の地で生活していました。そこで、当時、オックスフォード大学大学院で遺伝子学の研究をしていたウイリアム博士と出会い、思ってもみない英国での起業を彼と一緒に果たしました。よって、白洲次郎が、英国でブリティッシュイングリッシュを学び身につけ、その他にも、何を学び、何を身につけ帰国したのか、おこがましくもよく理解できます。

白洲次郎が、なぜ、今もなお多くの人を魅了し、支持され、憧れの存在なのか。

その魅力のひとつに、プリンシプル（原理原則・行動原理）を身につけたぶれない姿勢があります。

相手が誰であろうが、その時に一番その場にふさわしい言葉と態度で的確なことを言う。

この姿勢は、まずは彼自身が相手に対して心をひらいている証といえましょう。特に本音と建前の使い分けが多いといわれる日本人が、グローバルな舞台で対等に渡り歩き、成功するためには、「本音」のコミュニケーションが大切だということも教えてくれています。

相手の心の扉をひらかせるには、まずは、自らが己の心の扉をひらいていなければ結果は出せない。これを私は「マナーの先手必勝」と言っています。

相手の立場に立つマナー力をもち、先手の言動で必ず勝つ。勝つとはすなわち、ウイン（ＷＩＮ）となること。このウインは、**自分だけのウインではなく、互いのウインを生み出すこと**です。

究極の接待とは何か

世の多くのビジネスパーソンの皆さんは、日々、数字に追われて大変だとお察しします。当然のことながら、私もマナーコンサルタント、マナー講師として活動し、生活をしなければなりませんから、数字を上げることは大切なことと理解しています。

そして私は、3つの法人の経営者でもあります。収益を上げなければ、社員や講師たちの生活も、会社の存続も危ぶまれますから、数字という結果を出さなければならない立場です。

そんな私が、数字を第一優先として、そのことしか考えず、相手への思いやりや配慮は二の次、三の次で仕事をしているかというと、そうではありません。私は今までマーケティング手法などのスキルテクニックを学んだことはありません。成約につなげるための心理的戦略を用いたコーチングもです。今、あなたにお伝えしている接待の仕方も、誰かに教わったわけでもありません。

「相手の立場に立つ」という真心マナーを身につけようと努力し、自分で考え、想像し、行動し、創造するなかで、自ずと自分がやるべき道が見えてきました。そして、それをただ単に、愚直に実践実行してきたのです。

社会には、それぞれのなかで一定の規則や不文律があるものです。これらを守れば、とても良識的な社会人のイメージを周囲に与えることでしょう。逆にこれらを破れば、周囲からのあなたに対する評価は、急降下してしまいます。

一般的に、マナーというと、直接売り上げや利益に関係しないと思われていますが、実は、経済とマナーには密接な関係があります。

実は、経済学では、マナーは次のように定義づけられています。

「集団や社会のなかで、長期的関係を通じて形成されたみんなが守るべきよい行動・態度」

これは、先日、経済学を学べるテレビ番組（ＮＨＫ Ｅテレ）に出演した際に、知ったことです。番組では、２０１６年のノーベル経済学賞を受賞した、経済学者のオリバー・ハートとベント・ホルムストロームが研究発表した「契約理論」には、なんと、マナーの話も出ているとの紹介もありました。

そして、経済学では、マナーを守る理由として、次の３つが挙げられています。

1 短期的には得でなくとも、長期的には利益になる
2 ある種のシグナルを送り、その結果、他の取引で利益を得られる
3 本人にとっての主観的な利益がある

いかがでしょうか。マナーには利益が伴うのです。

接待時に、すぐその場で、契約成立になることは難しいかもしれませんが、その接待がきっかけで長期的には利益になったり、接待中にある種のシグナルを送り、その結果、他の取引で利益を得られるかもしれません。また、あなたの立居振る舞い、言

動に心からのマナーを相手が感じれば、あなた自身に利益が生じることでしょう。

いかがですか？　マナーの大切な、重要性をご理解いただけましたでしょうか。

私たちは、日々、目の前にある仕事、数字に追われて余裕がないのも確かです。しかし、どんなに余裕がなくとも、人として守るべき良い行動、姿勢、態度はありますね。マナーは後回しではなく、今こそ会社のトップから新人まで、すべての人に相手の立場にたった思いやりのあるマナーを身につける時がきたのです。

マナーは一日にしてならず

日常からしっかりとマナーを意識し、仕事では収益を得るあなたであって欲しいと願います。一人ひとりが、互いに思いやり、おもてなしの心、精神をもち、社会、経済を循環させ、潤してまいりましょう。

本書にてご紹介しているエピソードは、弊クライアント・その関係者の皆様、および受講者の皆様のおかげ様でございます。心よりお礼申し上げます。

また、本書を手にとってくださったあなた様に、心から深く感謝いたします。ありがとうございます。

皆様のご成功とご多幸、そしてご健康を祈念いたしております。

協力

おもてなしの接待英語

Alexander Fazel（アレクサンダー・ファゼル）

おもてなしのマナー英会話講師

カミリオンズ CEO・ウイズ株式会社 国際人財育成部 チーフマネジャー

アメリカの大手アパレル会社にてカスタマーサービス部門マネジャーとして、人財育成にも携わり、店舗の収益増に貢献。その後、日本の大手英会話スクールにて、エリアマネジャーとして、アカデミックコーチセールス研修も担当。社内売上ランキング1位を5回も獲得し、新規顧客獲得率8％増を達成。日本をこよなく愛する礼儀正しい人柄と明るいキャラクターで、結果を出すおもてなしのマナー英会話講師の第一人者として活躍中。

法律関係 リバティ法律事務所 弁護士 塩野正視
和の所作・モデル マナー講師 吉村まどか
手土産・贈り物 マナー講師 金森たかこ
和の作法 マナー講師 類家三枝子
機内席次 マナー講師 那須弥生
接客作法 マナーコーチ 新井順姫

撮影・カメラマン 竹中圭樹・林久美子
写真提供 ヒロコマナーグループ
［靴 Zuo南青山店・箸 絆箸・扇子 大広］
校正 鷗来堂
カバー写真 Naruedom Yaempongsa /shutterstock.com
本文デザイン&イラスト 岡崎理恵

著者紹介

西出ひろ子　マナーコンサルタント・美道家。ヒロコマナーグループ代表。ウイズ株式会社代表取締役会長。HIROKO ROSE株式会社代表取締役社長。一般社団法人マナー教育推進協会代表理事。大妻女子大学卒業。国会議員などの秘書職を経てマナー講師として独立し、31歳で単身渡英。マナーの本場での経験を活かし、帰国後、名だたる企業のマナーコンサルティングやマナー研修を行い、お客様満足度No.1企業の輩出等、人財の育成と収益増に貢献。ドラマや映画でのマナー指導や作品の監修、また中国等の海外での講座でも引っ張りだこである。近年は、日本の伝統文化と真心マナーを世界に広める活動にも力を入れている。近著に『超一流のビジネスマンがやっているすごいマナー』(ぱる出版)など著書多数。

かつてない結果《けっか》を導《みちび》く
超《ちょう》「接待《せったい》」術《じゅつ》

2017年 9 月 5 日　第 1 刷

著　　者　西《にし》出《で》ひろ子《こ》
発 行 者　小澤源太郎

責任編集　株式会社 プライム涌光
電話　編集部　03(3203)2850

発 行 所　株式会社 青春出版社
東京都新宿区若松町12番 1 号 〒162-0056
振替番号　00190-7-98602
電話　営業部　03(3207)1916

印　刷　共同印刷　　製　本　フォーネット社

万一、落丁、乱丁がありました節は、お取りかえします。
ISBN978-4-413-23050-6 C0030